LA ZONE FRANC

BIBLIOTHÈQUE DU DÉVELOPPEMENT

Collection dirigée par Elsa Assidon
et
Pierre Jacquemot

BIBLIOTHÈQUE DU DÉVELOPPEMENT

L'évolution de la pensée radicale ou « tiers-mondiste » sur le sous-développement et la dynamique qui a prévalu au niveau international vingt ans après Bandoeng, ont conduit à la constitution d'un corps théorique globalisant. Toute l'analyse s'est organisée autour d'un raisonnement simple : le Tiers-Monde, bloqué dans son développement par l'impérialisme, n'a d'autre choix que de rompre avec le marché mondial pour construire des économies autocentrées, évoluant irrésistiblement vers le socialisme. Telle est la thèse du « dépassement nécessaire du capitalisme par sa périphérie ».

Depuis une décennie, le morcellement du Tiers-Monde est devenu patent. Ce morcellement donne matière à de nouvelles classifications qui se reflètent dans les publications des organisations internationales (pays producteurs de pétrole, semi-industrialisés, au seuil de la pauvreté absolue...). Unité et diversité du Tiers-Monde sont devenues des réalités projetées dans des luttes politiques et idéologiques dont les enjeux sont en perpétuelle redéfinition. Toutefois, quelle que soit l'appartenance d'école, la référence à des « modèles » (chinois, algérien ou brésilien, par exemple) est en recul.

Le renouveau de l'analyse sur le développement semble désormais passer par un « retour au terrain » et la prise en considération des spécificités régionales ainsi mises en lumière. Le cadre rigide des spécialités scientifiques (économie, sociologie, anthropologie, écologie...) éclate et, par tâtonnements successifs, les recherches les plus intéressantes s'enrichissent de nouvelles synthèses qui dépassent le simple recensement des données factuelles.

Cette nouvelle collection consacrée au développement privilégiera, en dehors de tout préalable dogmatique, les travaux :
- portant sur l'analyse des mutations internes des diverses régions du Tiers-Monde,
- portant sur la méthode des sciences sociales appliquée au développement, avec une prédilection pour les études qui, partant du terrain, contribuent à la reformulation de l'appareil analytique dominant, tant dans les organismes d'études et d'intervention que dans l'enseignement universitaire.

Ceux qui pensent que leur recherche pourrait s'exprimer par le canal de cette collection peuvent prendre contact avec :

Elsa ASSIDON et Pierre JACQUEMOT
c/o L'Harmattan
5-7, rue de l'École-Polytechnique
75005 Paris

Hubert Gérardin

LA ZONE FRANC

Tome 1 : Histoire et institutions

Éditions L'Harmattan
5-7, rue de l'École-Polytechnique
75005 Paris

Dans la collection
Bibliothèque du développement

Pierre JACQUEMOT, Elsa ASSIDON, Karima DEKHLI et Marc RAFFINOT : *Économie et sociologie du Tiers-Monde, un guide bibliographique et documentaire*, 1981.

Moussa CISSÉ, Kary DEMBÉLÉ, Youssouf Gaye KÉBÉ et Mamadou Namory TRAORÉ (textes réunis et présentés par Pierre Jacquemot) : *Mali, le paysan et l'État*, 1981.

Monique ANSON-MEYER : *La nouvelle comptabilité nationale en Afrique*, 1982.

Laurent GBAGBO : *Côte-d'Ivoire, économie et société à la veille de l'indépendance (1940-1960)*, 1982.

German VELASQUEZ, *L'industrie du médicament et le Tiers-Monde*, 1983.

Daniel CAMUS, *Les finances des multinationales en Afrique*, 1983.

Antoine MANSOUR, *Palestine, une économie de résistance en Cisjordanie et à Gaza*, 1983.

Yarisse ZOCTIZOUM : *Histoire de la Centrafrique, violence du développement, domination et inégalités*, tome 1, 1879-1959 ; tome 2, 1959-1979, 1983 et 1984.

Marcel de CLERCK : *L'éducateur et le villageois, de l'éducation de base à l'alphabétisation fonctionnelle*, 1984.

Henri PARET : *La planification de la santé en Afrique*, 1984.

Henri ROUILLE D'ORFEUIL : *Coopérer autrement, l'engagement des organisations non gouvernementales aujourd'hui*, 1984.

Frédéric GAGEY (textes choisis et présentés par) : *Comprendre l'économie africaine*, 1985.

Pierre JACQUEMOT et Marc RAFFINOT : *Accumulation et développement, dix études sur les économies du Tiers-Monde*, 1985.

Smaïn LAACHER : *Algérie, réalités sociales et pouvoir*, 1985.

Monique ANSON-MEYER : *Initiation à la comptabilité nationale*, 1985.

Tamas SZENTES : *Économie politique du sous-développement*, 1986.

Mohamed SALAHDINE : *Maroc, tribus, makhzen et colons, essai d'histoire économique et sociale*, 1986.

Pierre-Louis MAYNIÉ : *Guide des financements de projet de développement*, 1987.

André CORTEN et Marie-Blanche TAHON : *L'État nourricier, Mexique/Algérie*, 1988.

Dominique TABUTIN, *Populations et Sociétés en Afrique au sud du Sahara*.

Elsa ASSIDON, *Le commerce captif. Les grandes sociétés commerciales françaises.*

ISBN : 2-7384-0306-9

SOMMAIRE

AVANT-PROPOS

> « La monnaie et la finance sont faites pour l'économie réelle de la production et des besoins, non l'inverse. Les peuples le savent de mieux en mieux, si certains experts hésitent encore à le dire » (F. Perroux, 1983).

La monnaie, « instrument de pouvoir », selon l'expression de F. Perroux, contribue à accroître le volume des biens et services mis à la disposition des populations ; par ce biais, elle occupe une place centrale dans le développement des économies nationales. En 1989, les monnaies de quatorze pays africains en développement et de la France sont émises au sein d'un système monétaire spécifique : la zone franc. Ce système mêle étroitement relations de dépendance et d'intégration ; face à la balkanisation du continent africain, il constitue une expérience originale d'intégration monétaire entre pays en développement.

« La littérature économique a largement traité la question de l'intégration monétaire dans les pays industriels, mais il n'y a eu que très peu de travaux au niveau conceptuel ou empirique sur l'effet d'une intégration monétaire dans les pays en développement » (S.M. Nsouli, 1981, p. 41). *Ce constat d'un membre du FMI justifie l'orientation de nos recherches sur la zone franc, à propos de laquelle A. Chaineau (1985, p. 109) relevait, en 1985, l'existence d'*« un vide étonnant ». *Le livre de P. et S. Guillaumont (1984), ouvrage récent de synthèse publié sur la zone franc, a comblé une partie de ce vide (1), mais il élude, pour l'essentiel, les effets importants exercés par le second choc, puis le contre-choc pétrolier sur la situation monétaire et financière des pays de la zone franc. Les changements intervenus à ce niveau, depuis 1980, sont déterminants, à de nombreux égards, pour évaluer la portée des mécanismes en vigueur : seules ces années permettent, en effet, de tester la mise en œuvre de la garantie monétaire française en période de déséquilibres économiques conséquents — et durables — de la plupart des membres de la zone franc.*

Les relations monétaires internationales ont été marquées par de nombreuses turbulences, au cours des dernières décennies ; dans ce contexte, la mise en place d'un nouvel ordre monétaire international représente un objectif accepté par un nombre croissant de pays. Les recherches entreprises en vue d'une recomposition du système monétaire international et d'une consolidation du système monétaire européen s'inscrivent dans cette perspective ; pour les pays en développement, l'expérience acquise par les membres de la zone franc en matière d'intégration monétaire est riche d'enseignements sur les conditions d'insertion de tels pays dans des groupements de cette nature.

Les études sur la zone franc sont effectuées, le plus couramment, à l'aide d'analyses du type « avantages-coûts ». Avec les bouleversements consécutifs aux chocs pétroliers, il apparaît que les pays de la zone franc ont des économies dissemblables qui différencient les enjeux liés à leur participation à une même zone monétaire ; dès lors, à l'instar des multiples controverses relatives à la détermination de la parité du franc CFA*, les conclusions les plus globales avancées pour l'ensemble des pays membres (par exemple, sur l'endettement extérieur) doivent être révisées. Face à ces remises en cause, l'approche retenue dans cet ouvrage se fonde sur une analyse fonctionnelle, en termes de système.*

Le processus ayant conduit à la constitution d'un système monétaire commun permet de comprendre le fonctionnement de la zone franc et d'en apprécier la portée actuelle : à quelles nécessités devait initialement répondre la création de ce système ? Comment ses contours ont été peu à peu définis par référence, principalement, aux intérêts métropolitains ? A la suite des mutations inhérentes aux indépendances et des changements intervenus au cours de la période contemporaine, une question majeure résume les débats sur la zone franc : cette forme d'intégration monétaire est-elle adaptée aux besoins des pays membres ?

L'analyse développée dans ce premier tome se situe au plan institutionnel. En 1989, le fonctionnement de la zone franc repose sur des mécanismes instaurés, pour certains d'entre eux, depuis des décennies ; des relations de dépendance perdurent dans le temps. La dynamique promue dans la zone franc fera l'objet du second tome : le fonctionnement de la zone franc y sera étudié à travers, notamment, l'évolution des agrégats monétaires et l'examen de la politique monétaire pratiquée par les pays africains. Nous montrerons comment cette dynamique est à l'origine d'effets positifs, mais également, génère des contraintes externes ; comment, parfois, des dysfonctionnements apparaissent. Les asymétries perçues dans la zone franc et l'insuffisante efficience de certains instruments de la politique monétaire nous inciteront à proposer des pistes de réformes susceptibles de mieux adapter l'outil monétaire commun aux besoins du développement.

Cet ouvrage a été conçu comme un travail universitaire : il est issu d'une thèse de IIIe cycle et d'une thèse d'État en sciences économiques. Notre reconnaissance va, en particulier, aux professeurs R. Gendarme et P. Llau qui ont su orienter nos recherches. Nos remerciements s'adressent, également, à M.M. Diarra qui nous a fait partager son expérience, au CREDES *de l'université Nancy-II pour les moyens mis à notre disposition, ainsi qu'à MMmes I. Georges et F. Michel qui ont assuré la dactylographie et la relecture du manuscrit.*

NOTES

(1) En trente ans, trois autres ouvrages ont eu pour objet principal d'analyser l'organisation monétaire de la zone franc :

— F. BLOCH-LAINE, 1956. Ce livre, publié avant les indépendances, décrit des institutions devenues caduques pour la plupart ; son intérêt est historique.

— M. LEDUC, 1965. L'objectif principal de cet auteur semble avoir été de rassembler, puis de commenter les documents officiels ayant servi de cadre à la zone franc, des indépendances aux réformes de 1972-1973.

— B. VINAY, 1980. Cet ouvrage bien documenté (il a été écrit par un ancien directeur de la BEAC et publié par le ministère de la Coopération ...) apparaît surtout comme un plaidoyer en faveur de la zone franc et une défense de l'orthodoxie en matière de gestion monétaire ; les effets du second choc pétrolier remettent en cause la pertinence de certaines démonstrations.

INTRODUCTION

La zone franc représente, actuellement, la forme d'intégration monétaire la plus avancée à laquelle participent des pays en développement (1).

Près de trente ans après leur indépendance, quatorze pays africains demeurent groupés avec la France dans un système monétaire commun. En diverses circonstances, la zone franc a été projetée à l'avant de l'actualité ; ce fut le cas, notamment, lors des réajustements du taux de change du franc français, de certains voyages des chefs d'État français en Afrique et de la négociation de nouveaux accords de coopération entre la France et ses anciennes colonies. Plus spectaculairement, en quittant la zone franc en 1973, deux pays africains ont-ils anticipé la fin prochaine d'un édifice post-colonial dépassé ? Par leur rattachement récent à cet ensemble, ou leur souhait d'adhésion, d'autres pays africains optent-ils, au contraire, pour des institutions monétaires originales, ayant prouvé leur efficacité, garantes d'une relative stabilité monétaire sur la longue période, et capables de s'adapter à des situations nationales et à un environnement international en mutation ?

Au cours des quinze dernières années, la situation économique a été marquée par la crise, en Afrique subsaharienne comme dans les pays développés ; dans ce contexte, les pressions et les interventions du Fonds Monétaire International se sont multipliées sur le continent africain ; face à ces contraintes externes, l'appartenance à la zone franc a joué un rôle spécifique qui permet d'appréhender certains effets de l'intégration monétaire dans la conjoncture actuelle.

Les pays africains membres de la zone franc ont signé avec la France, et entre eux, lors de leur accession à l'indépendance, puis en 1972-1973, des accords servant de cadre à leur coopération monétaire. Au plan régional, ils se sont groupés autour de deux Instituts d'émission communs, la Banque centrale des États de l'Afrique de l'Ouest [BCEAO] et la Banque des États de l'Afrique centrale [BEAC]. L'existence de ces deux Banques centrales témoigne de la volonté d'intégration monétaire qui anime ces pays et qui est perceptible à un double niveau ; en Afrique de l'Ouest, une union monétaire a été créée en 1962, l'Union monétaire ouest-africaine [UMOA] (2) ; un groupement monétaire régional similaire fonctionne, de fait, en Afrique centrale. Ces deux groupements servent de creuset à la définition des politiques monétaires régionales ; ils s'insèrent dans un ensemble plus vaste, la zone monétaire modelée autour du franc français.

Afin de définir le rôle des pays africains dans ce processus d'intégration et ses effets sur leur développement, nous dissocierons ses composantes verticales (les relations monétaires franco-africaines) de ses composantes horizontales (les relations intra-africaines) ; préalablement, le champ d'analyse sera déterminé par rapport à deux pôles, l'intégration monétaire et le développement.

A. LES DIMENSIONS SPATIALES ET TEMPORELLES DE LA ZONE FRANC

Fruit de la colonisation, la zone franc est apparue comme une entité économique en 1929, puis comme une zone monétaire en 1939. A de nombreux égards, les tensions économiques et politiques précédant la Seconde Guerre mondiale ont exercé des influences déterminantes sur la constitution de groupements monétaires rassemblant les pays européens et leurs possessions outre-mer : « *Les zones monétaires, c'est-à-dire la structuration monétaire d'ensembles polarisés autour d'une économie dominante développée, sont apparues comme des îlots cohérents après le cataclysme des années trente qui avait fait écla-*

ter l'économie mondiale libérale » (M. Rudloff, 1970, p. 261).

1. Le concept de « zone franc » a longtemps été employé dans un sens extensif recouvrant l'ensemble des relations nouées entre la France et ses anciennes colonies : « *L'expression zone franc, introduite dans notre pays pour les besoins du contrôle des changes avait déjà depuis longtemps perdu sa signification première pour en venir à définir succinctement un ensemble de relations particulières, variées et multiformes, dans les domaines financier, commercial et monétaire, voire même politique et culturel* » (L. Durand Reville, 1968, p. 267) (3).

2. Après les indépendances et les accords conclus entre la CEE et les anciennes colonies françaises, les relations entre ces dernières et la France se sont progressivement distendues dans plusieurs domaines, dont celui des échanges extérieurs. Au plan monétaire, les liens sont demeurés étroits ; ils sont devenus contractuels, et donnent seuls, depuis cette époque, corps à la zone franc. L'appartenance à cet ensemble suppose le respect de règles de fonctionnement ; parmi celles-ci, l'application d'une réglementation commune des changes vis-à-vis de l'extérieur a constitué, après les indépendances, et jusqu'en 1966, le critère d'appartenance à la zone franc.

3. La levée du contrôle des changes, en décembre 1966, fut à l'origine d'une nouvelle définition de la zone franc et de la qualité de membre. Zone contractuelle, la zone franc est un groupement de pays liés entre eux et/ou avec la France par des conventions monétaires qui servent de cadre à la garantie monétaire accordée par la France à ses partenaires, par le biais d'un compte d'opérations ouvert dans les écritures du Trésor public français.

Cette définition est doublement restrictive : au niveau de l'objet du groupement étudié, elle ne correspond plus à une zone de coopération multidimensionnelle ; d'anciens membres (Guinée, Mauritanie, Madagascar) et d'anciennes colonies britanniques, belges et portugaises ont conservé, ou instauré, avec la France, des relations de coopération autres que monétaires similaires à celles entretenues par les membres de la zone franc. Au niveau de son aire géographique, cette zone n'inclut plus les pays situés à la frange (Algérie, Maroc et Tunisie), dont la monnaie ne dispose pas de la garantie monétaire française.

4. L'image des trois cercles concentriques permet de délimiter la zone franc dans l'espace (X. de la Fournière, 1970, p. 186) (4).

* Le premier cercle réunit la France, ses départements et territoires d'outre-mer [DOM et TOM] et ses collectivités territoriales à statut particulier.

* Le second cercle rassemble les quatorze pays africains indépendants dont l'institut d'émission est lié au Trésor public français par une convention de compte d'opérations.

* Le troisième cercle groupe les trois pays maghrébins qui disposent d'un compte d'avances auprès de la Banque de France ; ce cercle se distingue des deux précédents par le fait que les pays membres ne suivent aucune des quatre règles constitutives de la zone franc :

• la convertibilité à parité fixe des différentes monnaies émises dans la zone ;

• la libre transférabilité des monnaies à l'intérieur de la zone ;

• la mise en commun d'une part importante des avoirs extérieurs ;

• l'harmonisation des réglementations nationales des changes vis-à-vis de l'extérieur.

— Par rapport à ces règles de fonctionnement, l'intégration monétaire de l'outre-mer (premier cercle) et de la France métropolitaine atteint un degré très élevé, elle est presque totale : la monnaie française circule sur plusieurs territoires, la totalité des avoirs extérieurs est gérée par la France et la réglementation française des changes s'applique simultanément outre-mer. Par la place prépondérante de la France dans l'organisation et le fonctionnement des deux instituts d'émission qui exercent leurs prérogatives outre-mer, les relations monétaires entre la

France et ces territoires relèvent du tutorat plutôt que de la coopération.

— L'acceptation des quatre règles constitutives de la zone franc sous-tend le maintien d'une intégration monétaire forte entre pays partenaires (second cercle). Au niveau de la zone franc, les pays africains s'engagent, notamment, à mettre en commun une part importante de leurs réserves de change et à appliquer des politiques monétaires concertées, en vue de soutenir la parité de la monnaie leader de la zone qui sert de référence pour leurs règlements extérieurs.

— La distinction entre une zone franc « lato sensu » ou « molle » (troisième cercle) et une zone franc « stricto sensu » ou « dure » (les deux premiers cercles) ne paraît plus fondée en 1989. Après leur indépendance, le Maroc, la Tunisie et l'Algérie n'ont progressivement plus respecté les règles de base de la zone franc : tour à tour, ils ont appliqué des contrôles des changes nationaux, restreint la libre transférabilité des capitaux, délié les taux de change de leur monnaie de celui du franc français et diversifié leurs réserves de change. En 1966-1967, lorsque la France et les autres membres de la zone franc ont institué la liberté des changes, les pays maghrébins se sont délibérément placés hors de la zone franc en conservant une législation sur les changes restrictive, y compris à l'égard de leurs anciens partenaires ; en novembre 1968, les autorités françaises ont rétabli un contrôle des changes : pour la première fois, le Maroc, la Tunisie et l'Algérie furent officiellement assimilés à l'extérieur et leur sortie de la zone franc devint effective (5).

Lors de leur indépendance, les pays maghrébins ont obtenu l'ouverture de comptes d'avances sur les livres de la Banque de France et ces comptes ont été, parfois, présentés comme une alternative aux comptes d'opérations. L'éventualité d'une zone franc « à la carte » paraît, cependant, avoir été écartée par les autorités monétaires françaises qui ont, vraisemblablement, refusé l'ouverture de tels comptes à la Mauritanie et à Madagascar, quand ces pays ont choisi de quitter la zone franc. Le fonctionnement discrétionnaire des comptes d'avances et leur portée limitée (6) rendent ténus les liens monétaires entre la France et les pays d'Afrique du Nord ; ils incitent à retenir la définition étroite de la zone franc.

Au plan de la délimitation spatiale, seuls les pays et territoires composant les deux premiers cercles seront considérés comme appartenant à la zone franc ; les pays maghrébins seront exclus de l'étude car les relations économiques importantes qu'ils entretiennent avec la France sont, essentiellement, d'ordre commercial et financier ; si ces pays n'appartiennent plus à la zone franc, la structure des balances bilatérales avec la France fait apparaître leur rattachement, de fait, à une zone d'influence financière française.

5. La délimitation temporelle de l'étude se calque sur l'histoire de la zone franc ; celle-ci a été façonnée par aménagements successifs des institutions préexistantes et des règles de fonctionnement en vigueur ; l'examen de l'organisation monétaire mise en place sous la colonisation, et de son évolution, sera riche d'enseignements pour la compréhension des mécanismes actuels de la zone franc.

B. LA PROBLÉMATIQUE

1. Notre étude s'attache aux problèmes spécifiques posés aux pays en développement de la zone franc, du fait du processus d'intégration monétaire dans lequel ils se sont engagés : comment les particularismes du système monétaire de la zone franc exercent des effets prépondérants sur les politiques monétaires et financières des pays membres et, par divers biais, sur leur développement ? La recherche d'une compatibilité entre les impératifs de l'intégration monétaire et ceux des politiques monétaires et financières est à l'origine d'une double interrogation : quelles contraintes, résultant de l'intégration monétaire avec la France, pèsent sur les orientations de la politique monétaire de chaque zone d'émission régionale ? Comment, alors que les pays africains connaissent des situations dissemblables au sein des zones d'émission, maintenir une cohérence entre les politiques monétaires nationales ?

2. La première question se rapporte, principalement,

à la définition des relations de change avec l'extérieur. La zone franc est un système de change : l'utilisation d'une monnaie commune, disposant de la garantie de la France — et, en contrepartie, soumise aux aléas et aux soubresauts de l'économie française — est simultanément source de stabilité et de coercition pour les pays en développement de cette zone. Les effets liés à l'intégration monétaire, leur intensité et leurs modalités se différencient, et varient, selon les époques et selon les pays.

La nature et la portée de l'intégration monétaire des pays de la zone franc demeurent tributaires du rôle réservé à la France dans l'organisation et le fonctionnement de cet ensemble : si au plan institutionnel, la place prépondérante occupée par la France sous la colonisation a été réduite au fil des réformes, l'intégration monétaire reste, néanmoins, étroitement dépendante de la politique française de coopération, en matière monétaire, mais également financière et économique. Cette subordination apparaîtra, notamment, au plan de la convertibilité des monnaies africaines, de la détermination des taux de change et de l'application d'une réglementation similaire des changes vis-à-vis de l'extérieur.

3. L'évolution économique et monétaire intervenue depuis le second choc pétrolier est révélatrice des problèmes sous-jacents à la seconde question. La zone franc est un système d'intégration ; pourtant les clivages se creusent entre les pays membres qui connaissent des déséquilibres économiques importants, et une forte dégradation de leur position monétaire, et ceux dont la situation économique et monétaire est plus favorable. Ces distorsions marquées rendent plus difficile l'obtention d'une compatibilité entre les politiques monétaires nationales et mettent en évidence une des limites de l'intégration monétaire.

4. Les situations nationales dissemblables prévalant par zone d'émission plaident en faveur d'une rénovation des moyens de la politique monétaire, afin de conforter le contrôle exercé sur la création monétaire. Les asymétries relevées dans la zone franc appellent une réforme du système monétaire de la zone franc, dans le but d'accroître la responsabilité de chaque pays sur la gestion de sa monnaie.

La combinaison de ces deux changements devrait contribuer à renforcer l'efficience interne et externe de l'outil monétaire commun et à le mettre, sous une forme plus décisive, au service du développement.

*
* *

Dans ce premier tome, les fondements de la zone franc seront mis en évidence à travers une étude de ses composantes institutionnelles, celles-ci étant simultanément porteuses d'effets de domination et d'effets d'intégration. Les formes d'organisation de la zone franc qui se sont succédées seront examinées dans deux parties, afin de déterminer les contours et les règles de fonctionnement actuels de cette zone, une entité monétaire ayant été progressivement modelée par les décisions monétaires et financières prises par les autorités françaises depuis plus de trois siècles.

Les changements de statut politique des anciennes colonies françaises et certaines critiques formulées à l'encontre de la zone franc ayant été à l'origine de profondes modifications dans l'organisation de ce système monétaire, la période des indépendances constituera la charnière de l'analyse historique et institutionnelle. Il conviendra de montrer comment la zone franc a été instaurée, de relever les justifications sous-jacentes aux options retenues et de mettre en évidence les impératifs auxquels devait répondre cette organisation monétaire longtemps très centralisée (partie I). Un examen des aménagements réalisés dans la zone franc depuis 1960 permettra d'apprécier, ensuite, le contenu et la portée du système monétaire (partie II) : des réformes ont atténué sensiblement le rôle de la France au plan de la définition des politiques monétaires des pays africains, mais des contraintes monétaires fortes et une dépendance externe demeurent, en particulier, au niveau des relations de change avec l'extérieur.

NOTES

(1) Depuis la disparition de la zone sterling, seule l'East Caribbean Currency Authority atteint un degré d'intégration monétaire intermédiaire entre celui des pays liés par des accords de compensation ou d'union des paiements, et celui des membres de la zone franc : si cette Autorité émet une monnaie commune à sept petits pays des Caraïbes, elle dispose de pouvoirs restreints en matière de politique monétaire.

(2) * Sept pays : Bénin [ex-Dahomey], Burkina [ex-Haute-Volta], Côte-d'Ivoire, Mali, Niger, Sénégal et Togo, appartiennent à la BCEAO et à l'UMOA.
* La BEAC exerce son privilège d'émission dans six pays (Cameroun, Centrafrique, Congo, Gabon, Guinée équatoriale et Tchad).
* Les Comores disposent d'une banque centrale nationale.

(3) Cette définition est peu opérationnelle : « *La superficie de la zone franc peut varier selon que l'on se place au point de vue monétaire, au point de vue des relations financières extérieures, au point de vue de l'application d'un régime commercial préférentiel, ou encore au point de vue de l'octroi d'une aide financière privilégiée* » (p. 268).

(4) Voir en annexe I (p. 20), la liste des membres de la zone franc, la composition des instituts d'émission et la parité des monnaies émises en 1989 ; en annexe II (p. 21), la situation géographique de chaque membre.

(5) D'une manière significative, les rapports annuels du Comité monétaire de la zone franc [C.M. zone franc] ne publient plus, depuis 1968, les statistiques économiques et monétaires relatives à ces pays. Sur les relations monétaires entre ces pays et la zone franc après les indépendances, voir. FMI, 1977 ; A. BELBAY, 1972 ; L. VIEILLEDENT, 1971 ; P. PASCALLON, 1970 ; R. BISTOLFI, 1967 ; P.H. DUPUY, 1965.

(6) Les plafonds d'avances font l'objet de négociations régulières entre la France et chaque pays ; les avances octroyées sont de courte durée et soumises à l'agrément préalable du Trésor français ; elles excluent les opérations financières et portent, couramment, sur des opérations commerciales ou relevant de l'aide française. La Banque de France ne publie aucune statistique sur la situation de ces comptes dont le fonctionnement paraît empreint d'une forte marque politique.

ANNEXE I - PAYS ET TERRITOIRES DE LA ZONE FRANC - INSTITUTS D'EMISSION, MONNAIES, SUPERFICIE ET POPULATION [30 juin 1989]

SUPERFICIE (1000 Km²)	POPULATION (1000 habitants) 30 juin 1988	PAYS ET TERRITOIRES	INSTITUT D'EMISSION	MONNAIE	PARITE AVEC LE FRANC FRANCAIS
551 ε	55782 25	. FRANCE métropolitaine . MONACO	Banque de France	Franc (FF)	
  1,8 91 1,1 2,5 0,2	 338 90 333 569 6	- Départements d'outre-mer . GUADELOUPE . GUYANE . MARTINIQUE . REUNION - Collectivité territoriale . SAINT-PIERRE-ET-MIQUELON	Institut d'émission des Départements d'outre-mer (Correspondant de la Banque de France)	Franc (FF)	
 19,1 4 0,3	 145 186 12	- Territoires d'outre-mer . NOUVELLE-CALEDONIE . POLYNESIE FRANCAISE . WALLIS ET FUTUNA	Institut d'émission d'outre-mer	Franc CFP(1)	1 F CFP = 0,055 FF
 0,4	 67	- Collectivité territoriale . MAYOTTE	Institut d'émission d'outre-mer (Correspondant de la Banque de France)	Franc (FF)	
 116 274 322 1240 1267 197 57	 4177 8103 10431 7702 6592 6774 3140	- Pays . BENIN (ex-Dahomey) . BURKINA(ex-Haute-Volta) . COTE D'IVOIRE . MALI . NIGER . SENEGAL . TOGO	Banque centrale des Etats de l'Afrique de l'Ouest BCEAO	Franc CFA(2)	1 F CFA = 0,02 FF
1,8	471	. COMORES	Banque centrale des Comores	Franc comorien	1 F comorien = 0,02 FF
475 620 342 268 28 1284	10548 2654 1938 1043 381 5146	. CAMEROUN . CENTRAFRIQUE(ex-RCA) . CONGO . GABON . GUINEE EQUATORIALE . TCHAD	Banque des Etats de l'Afrique centrale BEAC	Franc CFA(3)	1 F CFA = 0,02 FF

(1) Franc des Colonies françaises du Pacifique
(2) Franc de la Communauté financière africaine
(3) Franc de la Coopération financière en Afrique centrale

SOURCES : C.M. zone franc, 1987.

ANNEXE II - CARTE - PAYS ET TERRITOIRES MEMBRES DE LA ZONE FRANC [Juin 1989]

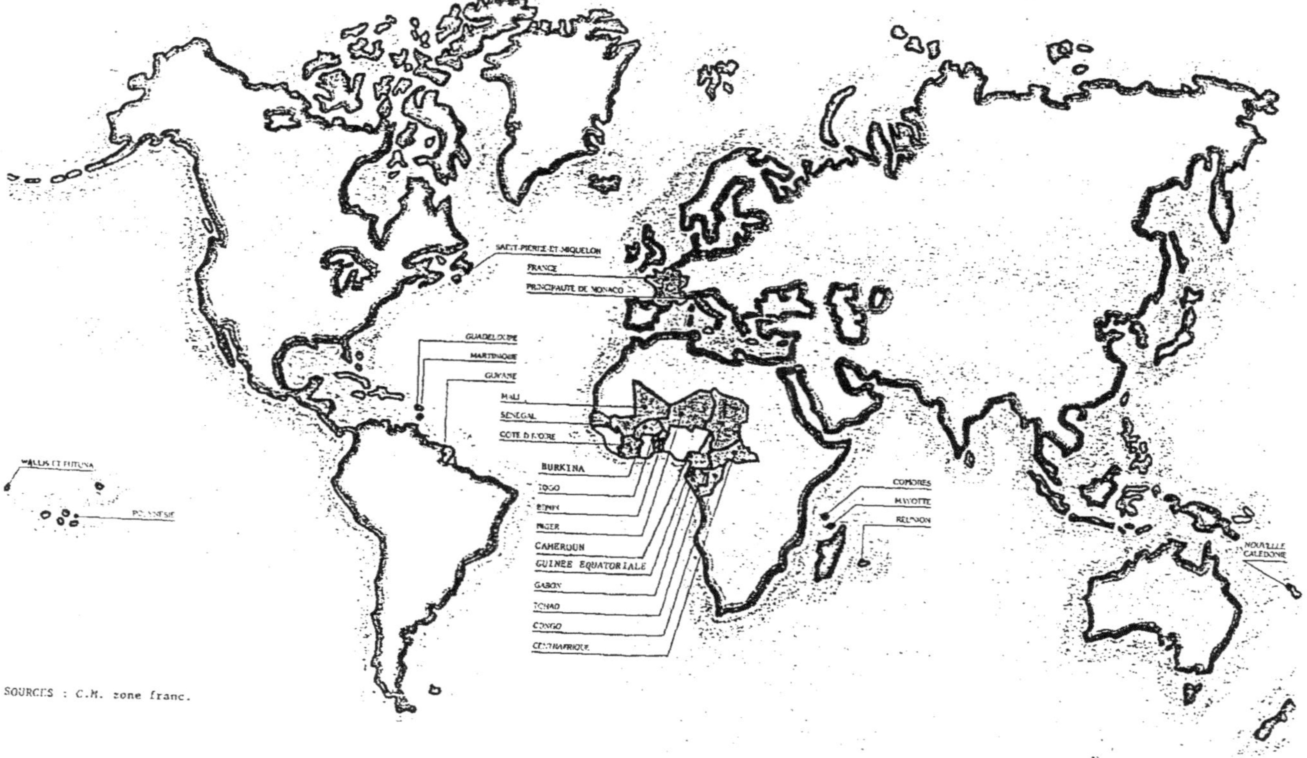

SOURCES : C.M. zone franc.

PREMIÈRE PARTIE

ZONE FRANC ET COLONISATION

L'intégration monétaire sous contrainte

La portée d'un système monétaire commun à plusieurs pays et son degré d'intégration s'évaluent par référence à quatre règles de base :

1. Les pays, ou groupes de pays, appartenant à un système monétaire mettent en circulation des monnaies, nationales ou régionales, qui s'échangent à des parités fixes ; la valeur de ces monnaies est définie par rapport à la monnaie dominante du groupement ou par rapport à une unité de compte commune ; les marchés des changes n'interviennent que pour déterminer la valeur de l'unité monétaire de référence qui assure, indirectement, la convertibilité externe des autres monnaies de la zone.

2. Chaque pays applique une réglementation des changes similaire vis-à-vis des pays qui ne sont pas membres de son groupement monétaire.

3. La libre transférabilité des capitaux dans l'espace du système monétaire commun est liée au respect de ces deux

règles initiales, les transferts réalisés pouvant résulter d'opérations commerciales ou financières.

4. Les banques centrales mettent en commun tout ou partie de leurs réserves de change ; les réserves des pays membres doivent être conservées, pour l'essentiel, dans la monnaie dominante de la zone.

Historiquement, les zones monétaires instituées par les pays européens pendant la période coloniale ont longtemps représenté une forme d'intégration monétaire très avancée, seules quelques unions monétaires régionales ayant, par la suite, atteint un degré d'intégration supérieur. L'intégration monétaire était, toutefois, imposée par les pays colonisateurs et ne laissait que peu de pouvoirs monétaires aux colonies et aux territoires associés : à de nombreux égards, le fonctionnement de ces zones s'analyse dans le cadre de la théorie de la domination formulée par F. Perroux (1969, 1958-1 et 2, 1948). Avant, comme après l'indépendance de leurs colonies, les pays européens ont, en effet, exercé une influence déterminante sur les orientations prises par les zones monétaires qu'ils avaient constituées : malgré les indépendances, plusieurs réformes institutionnelles et un début de redistribution des pouvoirs, dans les zones coloniales, les relations antérieures de dépendance ont souvent prévalu.

L'organisation hiérarchisée de ces groupements contraste avec celle d'autres groupements monétaires fonctionnant, de fait, autour d'une monnaie forte et d'une zone d'influence économique (zones dollar, mark et yen). Dans un autre contexte, les pays socialistes se sont efforcés de promouvoir leur intégration monétaire dans le cadre d'une zone rouble qui devrait faciliter le fonctionnement de leur espace économique commun, le Conseil d'aide économique mutuelle [CAEM ou COMECOM]

Les entités monétaires coloniales ont été officiellement reconnues comme zone monétaire à l'approche de la Seconde Guerre mondiale, à la suite des dispositions arrêtées par les autorités métropolitaines dans le domaine des changes. En 1939, les relations monétaires entre les puissances européennes et leurs colonies étaient cependant déjà très étroites, les autorités métropolitaines ayant pris pendant la colonisation des mesures concernant l'introduction d'espèces nouvelles et le régime de l'émission monétaire outre-mer, afin de structurer au plan monétaire des groupements devenus, au plan politique, des empires coloniaux. Dans l'esprit des colonisateurs, l'organisation monétaire des territoires d'outre-mer devait faciliter leur mise en valeur et leur exploitation au fur et à mesure des conquêtes et ne pas représenter une entrave aux échanges commerciaux ou aux mouvements de capitaux entre les métropoles et leurs colonies. Dans de nombreux cas, les options monétaires, comme les choix politiques et économiques des métropoles, ont marqué d'une manière durable le développement des territoires d'outre-mer.

La France, comme les autres pays européens, a progressivement introduit sa monnaie dans les territoires qu'elle avait conquis outre-mer ; pour les autorités métropolitaines, le remplacement — du moins partiel — des moyens de paiement traditionnels par la monnaie française devait permettre de consolider la colonisation en développant les échanges, en favorisant l'implantation et les activités des compagnies coloniales dans le Nouveau Monde et, dans certains territoires, en facilitant l'installation de colons ; dans l'empire colonial français, les gouvernements français ont peu à peu mis en place des structures administratives et économiques nouvelles et ont fait appliquer outre-mer des réglementations rigoureuses, en particulier, dans le domaine monétaire.

* La zone franc est longtemps apparue comme une mosaïque composée de territoires, ou groupes de territoires différents. Durant de nombreuses années, l'émission monétaire fut assurée outre-mer par le secteur privé ; les autorités monétaires françaises n'exercèrent d'abord qu'un contrôle assez lâche sur le fonctionnement de ces organismes, puis resserrèrent leur tutelle, surtout après 1918 (chapitre I).

* La montée des périls économiques, en 1929, puis politiques et militaires, avant la Seconde Guerre mondiale, poussèrent les pouvoirs publics à organiser un ensemble monétaire et économique autour de la France et à le placer à l'abri d'un contrôle des changes : la zone franc était officiellement créée (chapitre II).

* Ce groupement monétaire fut consolidé après la guerre, lorsque des mesures plus contraignantes furent prises dans le domaine de l'émission monétaire, puis, après l'expérience des francs coloniaux, lorsque toutes les monnaies circulant dans la zone franc furent rattachées plus étroitement au franc français (chapitre III).

CHAPITRE I

AVANT 1929 : DES PRÉMICES DE LA ZONE FRANC À SA CONSTITUTION DE FAIT

Les aspects monétaires sont demeurés, pendant plusieurs décennies, secondaires par rapport aux dimensions commerciales et financières : « *La France, suivant en cela la même démarche que plusieurs autres puissances, semble avoir créé la zone franc comme un moyen de se défendre elle-même, ainsi que les pays liés à elle politiquement, contre les perturbations économiques et financières provoquées par la guerre et ses suites. La zone franc procéderait du même réflexe que la législation douanière qui protège notre pays. Le fait est que l'expression ''zone franc'' n'est pour ainsi dire jamais utilisée si ce n'est au sujet des relations commerciales et financières avec l'étranger* » (F. Bloch-Laine, 1956, p. 340).

Les pouvoirs publics métropolitains ont longtemps négligé l'organisation monétaire de l'empire colonial français : les produits devaient s'échanger contre des produits, dans le respect des principes contenus dans le pacte colonial ; le développement des relations entre la France et ses colonies, en particulier dans le domaine commercial, incita cependant les autorités françaises à approvisionner les colonies en espèces monétaires : l'absence ou l'insuffisance de monnaie ne devait pas constituer un frein trop important à l'accroissement des échanges et, d'une manière plus générale, à la colonisation. Dans cet esprit, des signes monétaires furent d'abord introduits — sous des formes et dans des conditions différentes — dans les colonies françaises ; après quelques décennies, des banques d'émission coloniales privées furent créées outre-mer afin, notamment, d'y assurer l'émission de monnaie légale et d'y accorder des crédits de plus en plus nécessaires pour poursuivre la « mise en valeur » des territoires colonisés. Au fil des années, les autorités monétaires métropolitaines accrurent leur contrôle sur les activités de ces banques d'émission : elles transformèrent peu à peu un groupement monétaire initialement informel en un système monétaire rassemblant la France et ses possessions d'outre-mer, ce système étant organisé autour d'une monnaie, le franc français.

SECTION I — L'INTRODUCTION DE SIGNES MONÉTAIRES EXTÉRIEURS DANS LES COLONIES FRANÇAISES AVANT 1848

« *L'Afrique précoloniale a ce que les historiens appellent des monnaies spécifiques qui, tout en réunissant les caractéristiques énoncées par Aristote, sont d'un usage géographiquement restreint : ce sont en réalité des monnaies nationales, leur nature varie avec les régions (tissus, métal ferreux, ...). Il y a aussi des monnaies "universelles" à vocation interrégionale : d'abord l'or ... ensuite le cauri dont on décèlera l'utilisation plus tard (au XV*e *siècle)... pour parer à l'insuffisance de l'or* » (J. Tchundjang Pouemi, 1980, p. 41). En constituant son empire colonial à partir du XVIe siècle, la France, comme les autres nations colonisatrices, a progressivement introduit sa monnaie dans ses colonies ; toutefois, devant l'insuffisance des moyens de paiement métropolitains, certaines monnaies primitives ont conservé, parfois durant plusieurs siècles, leurs attributions spécifiques et ont continué à être utilisées conjointement avec les monnaies européennes.

L'accroissement et la diversification des échanges incitèrent peu à peu les autorités françaises à faire reconnaître un ou plusieurs produits locaux comme étalon(s) officiel(s) de valeur, et, dans certains cas, à le(s) faire accepter comme moyen(s) de paiement ; ainsi, dans plusieurs territoires, la livre de sucre fut employée comme instrument comptable commun ; dans d'autres, la livre de café ou de pétuns (tabac) remplirent la même fonction ; au Canada, *« on commença par utiliser comme monnaie de compte et de paiement certaines marchandises d'usage courant et de conservation relativement facile ; en 1669, on a vu le Conseil supérieur de la colonie permettre aux débiteurs de se libérer en blé ; à diverses reprises, on réglementa l'usage de peaux de castor comme instrument d'échange »* (B. Nogaro, 1945, p. 149) ; sur la côte occidentale d'Afrique, la manille fut la seule monnaie d'échange acceptée par les pouvoirs publics avant l'introduction d'une monnaie métallique frappée (1).

A. Les monnaies métalliques dans l'empire colonial français

Différentes phases caractérisent l'introduction et l'utilisation de monnaies métalliques dans les colonies françaises avant 1848 ; l'évolution observée, commune à l'ensemble des territoires ou particulière à l'un ou à quelques-uns d'entre eux, résulta, notamment, des choix politiques et monétaires métropolitains et des particularismes de certains territoires.

1. Des pièces identiques (pour la plupart en or ou en argent) circulaient en France et outre-mer depuis les premiers approvisionnements des colonies en numéraire par la métropole ; parmi ces pièces, peu furent utilisées longtemps comme monnaie métallique dans les colonies françaises : aux multiples occasions de transferts vers l'étranger s'était ajoutée une forte thésaurisation locale. Afin de faire face à cette carence de monnaie, les autorités françaises s'efforcèrent d'introduire outre-mer de nouvelles pièces de monnaie ; en 1721, un édit royal autorisa l'émission de pièces en cuivre qui devaient avoir cours *« dans*

toutes nos colonies d'Amérique et autres lieux de notre domination hors de l'Europe sans qu'elles puissent être exposées en France, à peine d'amende et de confiscation » (E. Zay, 1892, p. 53) ; malgré l'échec de cette première expérience (2), d'autres monnaies « coloniales » furent ensuite fabriquées en France, pour quelques colonies, ou pour toutes, et progressivement acceptées par les populations. Enfin, en ce qui concerne la petite monnaie, les monnaies de billon (3) françaises furent exportées vers les colonies après avoir été généralement marquées d'une empreinte spécifique pour éviter, ou du moins limiter, leur retour en métropole ou leur évasion vers les territoires voisins.

2. Entre 1751 et 1758, les anciens jetons coloniaux (4), utilisés jusqu'alors exclusivement pour la comptabilité, furent employés dans plusieurs territoires comme de véritables monnaies métalliques et en 1773, des compagnies d'Afrique firent fabriquer des jetons d'argent dans les colonies.

L'émission de pièces et de jetons spéciaux n'ayant pas cours légal en métropole fut un simple substitut pour parer à la rareté des monnaies légales ; ces « expériences » portaient en germe les fondements d'un système monétaire autre, qui aurait permis, à terme, d'accorder plus d'autonomie monétaire aux membres de la zone franc.

Durant la Révolution française, devant l'irrégularité et l'insuffisance des approvisionnements en numéraire par la métropole, de nombreuses pièces durent être fractionnées dans les colonies afin d'obtenir la petite monnaie nécessaire aux transactions courantes.

3. En 1826, Charles X réintroduisit officiellement la computation monétaire métropolitaine dans les colonies : les mêmes signes monétaires circulèrent dès lors de nouveau outre-mer et en métropole.

Par la suite, dans le but de dénouer localement des crises de liquidité, les autorités monétaires procédèrent, ponctuellement, à de nouvelles émissions de jetons coloniaux ; ceux-ci se substituèrent, temporairement, aux pièces métalliques, mais, parfois également, à la monnaie-papier qui était apparue depuis plusieurs décennies dans les colonies françaises pour faire face à l'insuffisance des moyens de paiement métalliques.

B. La monnaie-papier : des expédients et leurs limites

Afin de pallier l'insuffisance, ou l'irrégularité de certains approvisionnements en monnaie métallique par la métropole, les compagnies coloniales et les représentants de l'État français durent promouvoir l'émission de nouvelles formes de monnaie. La monnaie-papier émise dans les colonies françaises se présenta sous des formes variées, selon les époques, le statut des territoires concernés et l'agent économique à l'origine de l'émission monétaire.

1. Initialement, la monnaie-papier créée ne devait se substituer que momentanément à la monnaie métallique qui faisait défaut : elle était publiquement détruite lorsque les espèces métalliques arrivaient de métropole, après quelques mois ; il en fut ainsi, notamment, des premières monnaies de carte émises dès 1685 au Canada, puis en Louisiane, et en Guyane : « *Il s'agissait de cartes à jouer, coupées en quatre, portant l'empreinte des armes de France ; l'intendant J. de Meulle donna cours légal à ces curieux billets, tout en s'engageant personnellement à les rembourser en espèces, et cet engagement fut longtemps tenu par lui et ses successeurs. L'autorité locale se couvrit en tirant des traites sur le Trésor* » (B. Nogaro, 1945, p. 151) (5) ; ces expériences se conclurent toutefois par des échecs (6) et contribuèrent à entretenir la défiance qui entoura longtemps en France (7), et dans son empire colonial, l'utilisation de monnaies de papier.

2. Les billets gagés sur des produits

L'usage de billets de papier, dont la valeur était définie par une quantité de produits, se répandit peu à peu dans plusieurs colonies françaises, dont les Antilles, où des « billets de sucre » furent créés : « *des billets contenant obligation et promesse de payer au porteur, aux temps marqués, une certaine quantité de sucre* » *(Encyclopédie méthodique*, 1783, p. 254) ; les billets circulaient entre producteurs et permettaient la réalisation d'échanges successifs, sans que la production initiale gageant sa valeur ne fût mobilisée à chaque transaction (8).

Dans quelques territoires, les compagnies coloniales délivrèrent des récépissés en échange de marchandises déposées dans leurs magasins ; ces billets circulaient également entre particuliers et étaient utilisés comme moyen de paiement ; ils constituaient une forme de monnaie-papier (9). L'accroissement des échanges coloniaux suscita progressivement l'introduction et l'utilisation d'autres moyens de paiement dans les colonies.

3. Durant tout le XVIIIe siècle, des effets — notamment des ordonnances de paiement, des billets ou acquis de dépense, des billets et bons de caisse, des billets de boutique — furent tirés par les fonctionnaires locaux sur le trésorier de la colonie et circulèrent comme du véritable papier-monnaie (10) ; peu à peu, sous la contrainte des événements et des approvisionnements, ils furent reconnus et acceptés comme moyen de paiement courant au même titre que les monnaies officielles.

4. Dans plusieurs territoires français (Canada, Réunion, Guadeloupe), des habitants créèrent eux-mêmes de la monnaie fiduciaire ; celle-ci se présentait sous forme de billets au porteur qui pouvaient être détenus successivement par plusieurs particuliers avant qu'une demande de remboursement en espèces ne fut adressée à leur auteur ; quoique ne pouvant fonctionner que pour des montants limités, avec l'accord tacite des pouvoirs publics, ce procédé d'émission servit d'expédient en diverses occasions jusqu'en 1928 (11).

Sous la Révolution française et le Premier Empire, par suite notamment des troubles internes et des guerres, le désintérêt du pouvoir central pour les colonies s'accentua ; durant ces années, les approvisionnements en numéraires métropolitains ne cesseront de se ralentir et d'être insuffisants ; ils contraignirent les autorités locales à procéder à de nouvelles émissions de monnaie fiduciaire, malgré d'importants risques de dépréciation : « *Privées de tout secours, les colonies furent obligées de trouver par elles-*

mêmes les ressources indispensables à leur entretien, et le papier-monnaie qu'elles émirent pour le payement des dépenses publiques se ressentit de cette situation. Il servit autant à combler les déficits des budgets locaux qu'à remplacer un signe d'échange métallique. Il ressembla tout à fait aux assignats métropolitains dont il partagea du reste le sort » (A. Laporte, 1908, p. 132).

Après la réforme de 1826 sur la computation monétaire — une réforme qui concernait la monnaie métallique et la monnaie-papier —, dans chaque colonie, les autorités locales favorisèrent la création d'une banque ou d'une caisse d'escompte et de prêt, chargée de mettre en circulation dans le territoire des signes monétaires nouveaux, le plus souvent sous forme de bons de caisse (12) ; la plupart de ces organismes disparurent après quelques années de fonctionnement, mais la monnaie fiduciaire émise circula pendant plus d'une décennie, tant le numéraire faisait défaut dans l'outre-mer français.

La monnaie-papier paraît avoir été acceptée plus facilement dans les colonies françaises qu'en métropole où son utilisation courante, après les échecs retentissants de plusieurs expériences, ne s'est généralisée qu'au cours du XIXe siècle, lorsque la Banque de France exerça une influence prépondérante sur l'émission de ce type de monnaie. Dans les faits, la création de cette monnaie et son emploi dans l'empire colonial français n'ont pas traduit une option délibérée des compagnies coloniales, de certains colons ou de la frange de la population autochtone participant au négoce avec l'extérieur : ils ont essentiellement reflété la nécessité devant laquelle ont été placées les autorités locales de mettre en circulation des expédients monétaires pour faire face, d'une manière ponctuelle et sans politique d'ensemble prédéterminée, à la pénurie quasi continue de numéraire qui affectait et handicapait, à cette époque, les possessions françaises.

Jusqu'en 1848, les autorités métropolitaines n'ont pas cherché à définir et à appliquer une politique monétaire commune aux territoires colonisés par la France : « *Il est curieux de constater qu'au temps du pacte colonial, alors qu'on prétendait assujettir à l'intérêt exclusif de la métro-*

pole la situation des territoires dépendants d'outre-mer, on négligeait complètement le problème des liaisons monétaires ; en fait, la spécificité des problèmes monétaires et économiques dans les territoires d'outre-mer conduisit à l'établissement d'une organisation monétaire particulière à chaque territoire. Les empires virent leur espace politique se différencier outre-mer en des sortes de provinces monétaires » (L. Bourcier de Carbon, 1959, pp. 1-2). L'introduction de la monnaie française dans des économies a-monétaires ou peu monétarisées jusqu'alors, son emploi pour le règlement de dépenses nouvelles ou de dépenses auparavant payées en nature, son acceptation par la partie de la population locale influencée par les modes de vie et de consommation des colons européens, ont été, notamment, à l'origine de bouleversements profonds dans les territoires français : ces changements ont affecté tant l'organisation de leurs activités économiques que l'évolution de leurs structures sociales (13) ; depuis leur conquête, et durant plusieurs décennies, les colonies françaises ont été soumises dans de nombreux domaines aux options dominatrices et à l'arbitraire tout-puissant de la France ; progressivement, l'économie de ces territoires a été orientée vers l'extérieur et la dépendance vis-à-vis de la France s'est accentuée ; ces choix initiaux de la puissance coloniale ont exercé une influence souvent déterminante sur le processus de développement, et sur l'évolution des économies africaines marquées par la désarticulation (F. Perroux, 1955-1, pp. 35-48).

Durant la première phase de la colonisation qui s'acheva en 1848, les autorités françaises ont favorisé le développement des échanges entre la métropole et ses colonies ; elles se sont efforcées de mettre en place outre-mer des structures administratives et d'introduire, malgré de nombreuses difficultés, la monnaie métropolitaine ; afin de faire participer plus activement les instruments monétaires et financiers à la « mise en valeur » des territoires colonisés, des structures bancaires spécifiques furent créées : des banques coloniales furent chargées d'émettre la monnaie outre-mer et d'octroyer des crédits aux colons.

SECTION II — LA CRÉATION DES BANQUES COLONIALES : UNE PREMIÈRE ORGANISATION DE L'ÉMISSION OUTRE-MER

(schéma 1, pp. 46-47)

A. 1848-1918 : La constitution des banques coloniales françaises : le rôle prééminent du secteur privé

Après les événements politiques et sociaux de 1848 en France, le gouvernement français décida, par décret, d'abolir l'esclavage dans les colonies ; il accorda, en contrepartie, des indemnités aux colons : une moitié leur fut versée en numéraire et l'autre moitié leur revint sous forme d'une rente inscrite au Grand Livre de la dette publique ; le huitième de cette rente fut prélevé pour être affecté à la constitution du capital des premières banques françaises d'émission coloniales qui furent instituées à cette époque, essentiellement afin de « *procurer aux colons les moyens de crédits qui leur étaient indispensables pour poursuivre leur activité* » (F. Bloch-Laine, 1956, p. 55).

1. La loi du 11 juillet 1851 créa, dans ce but, les Banques d'émission de la Martinique, de la Guadeloupe et de la Réunion ; par les décrets du 21 décembre 1853 et du 4 mars 1854, respectivement celles du Sénégal et de la Guyane ; par la suite, la Banque du Sénégal fut transformée, en 1901, en Banque de l'Afrique occidentale [BAO], lorsque sa zone d'émission fut étendue à l'ensemble des possessions françaises d'Afrique occidentale et au territoire du Congo (14).

Initialement, les banques d'émission coloniales disposaient d'un statut très particulier :

a) Juridiquement, elles étaient dotées d'un statut privé : leur capital, bien que financé par l'État, appartenait aux colons ; leur gestion et leur représentation étaient assurées par un conseil d'administration indépendant des pouvoirs publics.

b) L'État français se réservait cependant quelques prérogatives dans le fonctionnement de ces Banques, notamment en nommant les directeurs et en exerçant son contrôle sur leurs opérations et leur gestion, tant au plan local par un censeur, qu'au plan national par le biais de la Commission de surveillance des banques coloniales instituée auprès du ministère des Colonies, en 1851 (15). Après 1900, certaines banques coloniales furent tenues, quoique dans des conditions différentes, d'accorder des avances aux territoires où elles exerçaient leurs activités, et de verser à l'État une redevance annuelle dont le montant, calculé sur leurs activités et leurs bénéfices, était affecté, en priorité, au soutien des institutions locales de crédit agricole.

Seules autorisées à émettre, sous forme de billets spécifiques au porteur, la monnaie légale dans les territoires français d'outre-mer, ces banques d'émission assuraient simultanément les fonctions de banques de prêt et d'escompte : *« Le privilège donne aux banques qui le détiennent un véritable monopole de crédit. Aussi la fonction proprement bancaire de crédit ne s'est-elle jamais séparée de la fonction régalienne d'émission. Apparue chronologiquement avec elle, elle ne s'en sépare pas : dans ces pays neufs qu'il s'agit de mettre en valeur, la monnaie est d'abord un moyen de prêt plus qu'un moyen de paiement. L'émission se confond avec le crédit ou s'y subordonne »* (R. Roux,1950, p. 189). Peu à peu, principalement par le biais d'opérations d'escompte et de réescompte, les banques intervinrent dans de nombreux secteurs, industriel et artisanal, commercial, foncier et surtout agricole ; *« les statuts des banques coloniales, permettant le prêt sur cessions de récoltes pendantes, donnent à la banque qui consent le prêt le gage de la récolte sans dessaisissement du propriétaire de cette récolte. Ils créent ainsi le crédit agricole aux colonies, opération qui ''est en quelque sorte toute la banque coloniale'' »* (G. François et H. Mariol, 1929, p. 317). Ces banques conservèrent longtemps leur caractère mutualiste initial, et durant plusieurs décennies une grande part des crédits fut octroyée aux colons actionnaires.

2. La Banque de l'Algérie fut créée par la loi du 4 août 1851 ; le décret du 7 mai 1904 étendit son privilège d'émission au territoire de la Tunisie ; les statuts et les attributions de la Banque de l'Algérie étaient proches de ceux

de la Banque de France alors établissement mixte (16). Au plan monétaire, la France s'efforça d'instaurer avec l'Algérie un régime de changes stable (17) en ouvrant dans les écritures du Trésor public français un compte courant au nom de la Banque de l'Algérie : « *Toutes variations du change ont été supprimées entre la métropole, l'Algérie et la Tunisie, grâce à un accord entre la Banque de l'Algérie et le Trésor français ; le Trésor consent à ne pas réclamer le règlement en France de son solde créditeur à Alger et la Banque de l'Algérie conserve en France les soldes créditeurs provenant des règlements effectués par ses correspondants* » (F. Servais, 1932, p. 147) ; ce compte pouvant devenir débiteur sous certaines conditions « *joue comme une caisse de conversion dont les disponibilités seraient pratiquement illimitées* » (18). La création et le fonctionnement de ce mécanisme sont importants pour l'étude de la zone franc car d'autres comptes seront ouverts, par la suite, dans les écritures du Trésor français, au nom des banques d'émission d'outre-mer ; à partir de 1925, des conventions spécifiques de compte d'opérations seront signées par la France et certains pays d'outre-mer (voir p. 35) ; ces mécanismes constituent encore actuellement un des fondements majeurs du système monétaire de la zone franc.

3. La Banque de l'Indochine, créée par un groupe de banques privées, obtint, en 1875, le privilège d'émission dans les territoires et comptoirs français d'Asie, ainsi qu'en Nouvelle-Calédonie et en Côte française des Somalis. Cette Banque eut des attributions et effectua des opérations comparables à celles des « quatre vieilles banques » ; toutefois, l'État français n'ayant pas participé à la constitution de son capital, elle demeura toujours plus indépendante que les autres banques d'émission vis-à-vis des pouvoirs publics métropolitains.

4. La Banque d'État du Maroc fut créée le 25 février 1907 à la suite de la conférence internationale d'Algésiras. La nouvelle banque obtint le droit exclusif d'émission et remplit les fonctions de trésorier payeur de l'empire chérifien ; son capital, divisé en 14 parts, fut réparti entre les 12 nations signataires de l'acte d'Algésiras et le consortium bancaire français (2 parts) qui disposait, depuis quel-

ques années, d'un droit de préférence pour l'émission des emprunts et la frappe des monnaies sur le territoire marocain.

Jusqu'en 1919, et malgré quelques crises graves, notamment de liquidités, les privilèges accordés aux banques d'émission coloniales par les pouvoirs publics métropolitains ont été régulièrement renouvelés, sans modifications statutaires déterminantes.

Alors que toutes les banques coloniales étaient soumises au contrôle de la Commission de surveillance des banques coloniales et avaient un cadre institutionnel et une finalité proches, dans les faits, jusqu'en 1914, peu de liens effectifs les ont unies : ces Banques mettaient en circulation des billets distincts, leurs interventions étaient dictées principalement par l'évolution des activités économiques locales et, dans de nombreux cas, des principes différents réglementaient l'émission dans des territoires d'outre-mer dispersés et hétérogènes : « *Établi selon les occasions et les circonstances, le régime de l'émission n'a pas fait l'objet d'un plan d'ensemble ni d'une conception systématique, et l'on chercherait vainement une unité doctrinale dans la succession des mesures qui l'ont peu à peu étendu et complété. Loin de s'intégrer dans une politique permanente et suivie, les dispositions prises résultent souvent de causes fortuites ou de considérations accidentelles* » (R. Roux, 1950, p. 153).

B. 1919-1929 : Un début d'unification : l'État français renforce son contrôle sur l'émission

1. La Première Guerre mondiale, en bouleversant profondément les relations économiques internationales, fut à l'origine de changements de grande portée dans l'organisation et le fonctionnement de l'empire colonial français. Progressivement, l'usage de la monnaie se répandit dans les colonies, et celle-ci joua un rôle moteur dans l'unification de cet ensemble. L'acceptation plus courante de la monnaie fiduciaire comme moyen de transaction entre les colonies et la métropole incita les autorités françaises à renforcer leur contrôle sur les instituts d'émission coloniaux, afin d'accroître leur caractère de service public :

« L'influence prédominante des intérêts privés dans la gestion des banques coloniales ne leur permettait pas toujours de remplir avec toute l'efficacité souhaitable leur rôle d'institut d'émission. Cette situation, qui pouvait ne pas présenter d'inconvénient majeur à une époque où l'instrument monétaire essentiel était représenté par la monnaie métallique, devient difficilement admissible lorsque la monnaie fiduciaire devient la seule monnaie pratiquement utilisée à l'échelon national » (F. Bloch-Laine, 1956, p. 58).

Le démantèlement de l'empire colonial allemand, en 1919, provoqua une réorganisation des zones d'émission de certaines banques coloniales françaises : l'autorité de la BAO fut étendue au Togo et au Cameroun, anciens territoires allemands placés sous mandat français par la Société des Nations, et au fur et à mesure de leur intégration à l'AEF, aux autres possessions françaises d'Afrique équatoriale ; dans les territoires du Levant, également placés sous tutelle française, le privilège d'émission fut accordé à la Banque de Syrie et du Grand Liban (19) ; au Maroc, la France porta à 50 % sa participation au capital de la Banque d'État après avoir reçu, à la signature des traités de paix, les parts des pays défaits.

2. A Madagascar, le service de l'émission était assuré depuis de nombreuses années par la Banque de France ; après plusieurs crises graves, provoquées, notamment, par une insuffisance des moyens monétaires mis à la disposition de l'économie malgache par l'Institut d'émission métropolitain, l'État français créa, par la loi du 22 décembre 1925, une société d'économie mixte : la Banque de Madagascar. Afin de garantir la convertibilité des francs français, un compte courant fut ouvert en son nom, dans les écritures du Trésor français ; ce compte, appelé par la suite compte d'opérations, pouvait devenir débiteur pour des montants non limités et fit l'objet, en 1925, d'une convention spéciale entre la Banque de Madagascar et le ministre des Finances français ; seules la Banque du Maroc puis la Caisse centrale de la France d'outre-mer disposèrent d'un compte similaire avant les réformes qui intervinrent en 1955 dans la zone franc, des comptes d'opérations « virtuels » étant ouverts pour les autres instituts d'émission (voir, pp. 101 et 138).

3. Les statuts de la Banque de Madagascar servirent de référence lors du renouvellement des privilèges octroyés aux autres banques d'émission coloniales françaises, et notamment à la BAO dont les statuts furent modifiés en janvier 1929 ; lorsque les principaux privilèges accordés aux instituts d'émission coloniaux arrivèrent à échéance, l'État français les reconduisit en imposant toutefois à ces organismes des contraintes nouvelles, afin d'orienter et de contrôler plus étroitement leurs activités ; ainsi, les territoires d'outre-mer reçurent une participation au capital et aux distributions de bénéfices des anciennes banques coloniales privées transformées en sociétés d'économie mixte (20) ; celles-ci furent toutes astreintes à verser une redevance sur la circulation fiduciaire ; dans certains territoires, obligation leur fut faite d'ouvrir des succursales nouvelles ; de plus, le gouvernement incita ces Banques à renforcer leurs contributions au développement des territoires colonisés, notamment sous la forme d'avances octroyées aux budgets locaux, et en favorisant l'organisation du crédit agricole. Simultanément, les autorités françaises s'efforcèrent d'affirmer leur contrôle sur la politique monétaire pratiquée outre-mer : elles instituèrent, en particulier, le principe de « *la couverture du tiers de l'émission* » (E. Servais, 1932, p. 150) (21), et imposèrent, à la seule BAO, dans un premier temps, le respect d'un plafond d'émission dont le montant ne pouvait être modifié que par décret signé par les ministres des Finances et de la France d'outre-mer. Poussés par les premiers signes de la Grande Crise, puis par la crise de 1929 elle-même, les pouvoirs publics métropolitains ont opté pour des mesures qui se sont traduites dans les territoires d'outre-mer, et pour la première fois depuis la colonisation, par la définition et l'application d'une politique d'ensemble dans les domaines de l'émission monétaire et de l'octroi des crédits.

*
* *

Cette évolution monétaire doit être resituée dans son contexte historique : alors que l'ordre monétaire international avait été profondément bouleversé au cours de la

Première Guerre mondiale et laissait entrevoir les difficultés futures du système de l'étalon-or (Gold Specie Standard), qu'une crise de confiance sans précédent avait affecté le mark allemand en 1922-1923, les débuts de l'unification monétaire de la zone franc s'étaient réalisés directement autour du franc français. Déjà en 1914, après la déclaration de guerre, le cours forcé du franc français avait été étendu aux dernières monnaies « autonomes » d'outre-mer ; celles-ci, en suivant, sauf exception, les dévaluations successives de la monnaie métropolitaine à partir de 1928, devenaient, dès lors, de simples multiples ou sous-multiples du franc français (22).

L'État français avait fixé avant la crise de 1929 le cadre légal lui permettant d'affermir son emprise, au moment opportun, sur l'émission monétaire outre-mer : le contrôle monétaire métropolitain devenait plus précis, coercitif et centralisé. Les nouveaux statuts des instituts d'émission permettant de définir et d'appliquer une politique monétaire d'ensemble à toutes les colonies françaises, la zone franc, regroupée dès cette période autour d'une monnaie quasi commune, s'affirmait, de fait, comme une véritable zone monétaire. Sous la pression d'événements extérieurs, ces premiers pas vers une unification monétaire au sein de l'empire colonial français ont facilité la mise en place d'une zone d'échanges commerciaux plus étroite, qui profita principalement aux intérêts métropolitains, et à ceux de certains colons. La composante monétaire fut un des éléments moteurs dans la constitution d'un ensemble économique, puis monétaire, qui fut rapidement dénommé *« ZONE FRANC »*.

NOTES

(1) Sur les monnaies précoloniales, l'organisation des échanges dans le cadre du pacte colonial et les problèmes soulevés par l'approvisionnement des colonies en signes monétaires, voir H. GÉRARDIN, 1986-1, pp. 87-97 et, en particulier, N. IMBAUD, 1946, G. FRANÇOIS et H. MARIOL, 1929, A. LAPORTE, 1908, J. NORMAND, 1901, L. PLASSIART, 1901 et E. ZAY, 1892.

(2) La population refusa rapidement d'utiliser cette monnaie et la Compagnie des Indes, chargée de son introduction, dut en conserver une

grande partie en France : « *Parce que l'on n'est point dans l'usage de ce païs cy de recevoir ny faire des payements en monnoye de cuivre, qu'elle a été trouvée incommode par son poids, beaucoup au-dessus de sa valeur intrinsèque et parce qu'elle n'a point cours hors de la colonie* ». Décision du Conseil de Marine du 5 may 1723 citée par E. ZAY, 1892, p. 56.

(3) La valeur libératoire de ces monnaies ne correspondait pas à leur teneur effective en métal (argent, cuivre ou, le plus souvent, alliage de métaux).

(4) Ces jetons dont la valeur n'était pas garantie par l'État français n'avaient pas cours en métropole ; ils étaient habituellement en cuivre ou en alliage de métaux non précieux et, durant plusieurs décennies, de nombreuses contrefaçons circulèrent dans les territoires français.

(5) Les gouverneurs militaires et les intendants royaux furent contraints de recourir à de telles émissions durant 80 ans afin, essentiellement, de pouvoir assurer le traitement des soldats et des fonctionnaires. Pour B. NOGARO (1945, p. 152), « *il s'agit d'une monnaie fiduciaire convertible en lettres de change sur la métropole ; il s'agit donc moins d'une monnaie fiduciaire convertible en espèces à plus ou moins longue échéance que d'une monnaie locale convertible — aux aléas près — en monnaie extérieure. On peut ainsi voir dans l'expérience de la monnaie de carte une anticipation sur les systèmes modernes apparentés au Gold Exchange Standard* ». De fait, à l'origine, la monnaie de carte était « *une promesse de payer, un papier d'État pur et simple : il n'était aucunement couvert, son cours était forcé et il était inconvertible* » (N. IMBAUD, 1946, p. 34).

(6) L'insuffisance des approvisionnements en numéraire métropolitain provoqua une forte inflation et se solda par une spoliation : au Canada, en 1763, « *les 80 millions de livres en monnaie de carte furent liquidées au traité de Paris à l'aide de lettres de change sur la Métropole pour un montant de 30 millions de livres. En Louisiane, en l'espace de 9 ans, les cartes avaient perdu 75 % de leur valeur* » (N. IMBAUD, 1946, p. 37).

(7) Durant cette période, après l'échec du système de Law et l'abandon de ses billets de banque, de fortes présomptions pesèrent sur la monnaie fiduciaire ; il fallut attendre 1777 pour que des billets, dénommés par précaution « billets de caisse », émis avec prudence et ne circulant qu'à Paris, soient acceptés sans défiance excessive par le public ; voir, notamment, R. SEDILLOT, 1979, pp. 29-62.

(8) Lorsque, par la suite, le papier-monnaie perdit toute valeur, dans certaines colonies, des gouvernements locaux remirent pour un temps en circulation des récépissés et bons de dépôts gagés sur des marchandises qui étaient stockées avant d'être exportées (ce fut le cas en 1798 à l'île de Bourbon, avec le café).

(9) Les récépissés n'étaient toutefois pas directement convertibles en espèces, les compagnies ne les échangeant que contre des lettres de change payables, à l'échéance, en métropole.

(10) Les auteurs distinguaient le papier-monnaie officiel, dont l'émis-

sion était réglementée par des textes soumis à l'approbation du pouvoir royal — tels les monnaies de carte ou les billets de caisse émis par la Compagnie des Indes aux Iles de France et de Bourbon de 1736 à 1764, puis les bons de caisse de l'État français qui leur succédèrent —, des différents effets mis en circulation sans autorisation officielle et sans contrôle métropolitain ; voir A. LAPORTE, 1908, pp. 87-197.

(11) La circulation de ces billets était réduite car ce système reposait sur la confiance placée dans la personne à l'origine de leur création et leur valeur n'était pas toujours adaptée aux besoins des porteurs.

En France, au début de la Révolution, les particuliers, les collectivités locales et des institutions (Caisses, Maisons de Secours) furent autorisés, durant quelques années, à émettre de la monnaie : « *Avant même que la Constituante eût créé et généralisé l'assignat-monnaie, des initiatives privées avaient suppléé au défaut de numéraire. Des particuliers s'étaient purement et simplement arrogé le droit d'émission. Ces billets, à leurs débuts, furent plus que tolérés par les pouvoirs publics : ils furent encouragés ; on en vit de toutes provenances, au total 5 800 espèces ; on en vit de tous les noms (billets patriotiques, de confiance, bons de commune)* » ; après de nombreux abus (billets émis parfois sans aucune couverture) et plusieurs scandales, cette forme de billet disparut, « *noyée sous le flot des assignats* ».

A la suite des guerres franco-allemandes, en 1871-1872 puis entre 1914 et 1918, afin de faire face à l'insuffisance, ou à la disparition de la petite monnaie métallique française, de nouveaux billets de confiance et bons de monnaie furent émis par des particuliers, des municipalités, des chambres de commerce, des entreprises et des banques locales ; après la fin des conflits, cette monnaie continua de circuler conjointement aux billets de la Banque de France (après le premier conflit, ils disparurent en 1876 ; après la Première Guerre mondiale, ils furent d'abord remplacés, en 1921, par des jetons de bronze et d'aluminium émis par les chambres de commerce, puis ces jetons furent eux-mêmes retirés de la circulation en 1928) (R. SEDILLOT, 1953, pp. 123-252).

(12) Payables au porteur et à vue, n'étant pas émis à un cours forcé, ces bons de caisse étaient de véritables billets de banque.

(13) Sur ce sujet, voir P. KOUAME, 1984 ; T.O.T. DIALLO, 1974 ; O. SOUMARE, 1972 ; M. RUDLOFF, 1969 ; IIIe conférence de Rehovoth, 1967 ; G. LEDUC, 1961 ; A. CHABERT, 1959.

(14) Ses statuts s'inspirèrent de ceux de la Banque de l'Indochine créée en 1875 (voir p. 37) ; alors que le siège de la Banque du Sénégal était situé en Afrique, celui de la BAO fut fixé, comme celui de la Banque de l'Indochine, à Paris. Banque d'émission privée, la BAO fut autorisée, à partir de 1904, à participer à la constitution du capital de sociétés privées. Sur l'histoire de la Banque du Sénégal et de la BAO, voir J. ALIBERT, 1983, pp. 15-209, L. ZINSOU-DERLIN, 1976 et A. DIENG, 1971.

(15) Cette commission était compétente pour toutes les banques d'émission coloniales.

En 1852, une Agence centrale des banques coloniales fut instaurée à Paris ; cette Agence fut chargée de représenter les « quatre vieilles banques coloniales » (Martinique, Guadeloupe, Réunion, puis après 1854, Guyane, dont les statuts étaient proches) dans les opérations qu'elles effectuaient avec la métropole par l'intermédiaire du Comptoir d'escompte, leur unique correspondant officiel.

(16) « *Les particuliers apportent le capital, les pouvoirs publics, le privilège d'émettre des billets* » (J. MARCHAL, 1967, p. 96).

(17) Alors que les monnaies métalliques françaises avaient été introduites en Algérie, il n'en fut pas de même pour la monnaie-papier : les billets français n'avaient pas cours dans la colonie française, et réciproquement, les billets émis par la Banque de l'Algérie n'étaient pas acceptés en France.

(18) « *Le Trésor français ayant ouvert un compte courant à la Banque de l'Algérie, toutes les dettes, aussi bien que les créances, de l'Algérie à l'égard de la métropole, aboutissaient à ce compte courant ; lorsque la balance des comptes de l'Algérie est défavorable, il n'est pas nécessaire de recourir à une exportation d'espèces, ni de laisser jouer l'offre et la demande sur le marché du change ; l'administration des postes et la Banque de l'Algérie se trouvent toujours en mesure d'assurer les règlements nécessaires, l'excédent de la dette algérienne se traduisant seulement par un débit au compte courant ouvert par le Trésor français* » (B. NOGARO, 1945, pp. 153-154). La permanence de certaines de ces avances transformait celles-ci en de véritables emprunts : « *Lorsqu'il résulte des conventions que le compte courant peut être débiteur, et même, pendant une période indéterminée, qu'un maximum est fixé au solde débiteur, n'est-on pas en présence d'un emprunt ?* » (L. MERAT, 1927, p. 193).

(19) La Banque de Syrie fut créée le 2 janvier 1919 : sa zone d'émission fut élargie à la suite d'accords intervenus avec l'ancienne Banque impériale ottomane et elle prit, le 25 mars 1924, le nom de Banque de Syrie et du Grand Liban.

(20) Dans chaque conseil d'administration, le président et plusieurs administrateurs étaient nommés par l'État.

(21) « *Le compte d'opérations — réel ou virtuel — ne reflétait pas exactement la situation de l'encaisse. En effet, la Banque de Madagascar et la BAO furent soumises à l'obligation de conserver toujours une encaisse de garantie égale au tiers de leur émission de billets et cette encaisse de garantie devait être déposée au Trésor à des comptes spéciaux, sous forme de compte prévisionnel ou de compte de bons. Pour connaître la situation de ces Banques, il convenait de faire la somme algébrique de ces comptes spéciaux et du compte d'opérations* » (M. LEDUC, 1965, p. 29).

(22) Parmi les exceptions figurent les jetons spéciaux du Togo et du Cameroun : introduits en 1923 par les autorités monétaires françaises dans les anciennes possessions allemandes, ils y circulèrent jusqu'en 1945.

Dans quelques petits territoires français ayant d'étroites relations économiques avec des pays appartenant à d'autres zones d'influence monétaire, plusieurs décennies après la Première Guerre mondiale, des monnaies étrangères ont continué à avoir cours légal, seules ou conjointement au franc français ; ainsi le thaler Marie-Thérèse circulait couramment en Côte française des Somalis, la roupie indienne dans les Etablissements français de l'Inde, le dollar des États-Unis, la peseta espagnole et la livre anglaise à Saint-Pierre-et-Miquelon.

SCHEMA I - EVOLUTION DU REGIME DE L'EMISSION MONETAIRE DANS LES TERRITOIRES FRANCAIS [1850-1989]

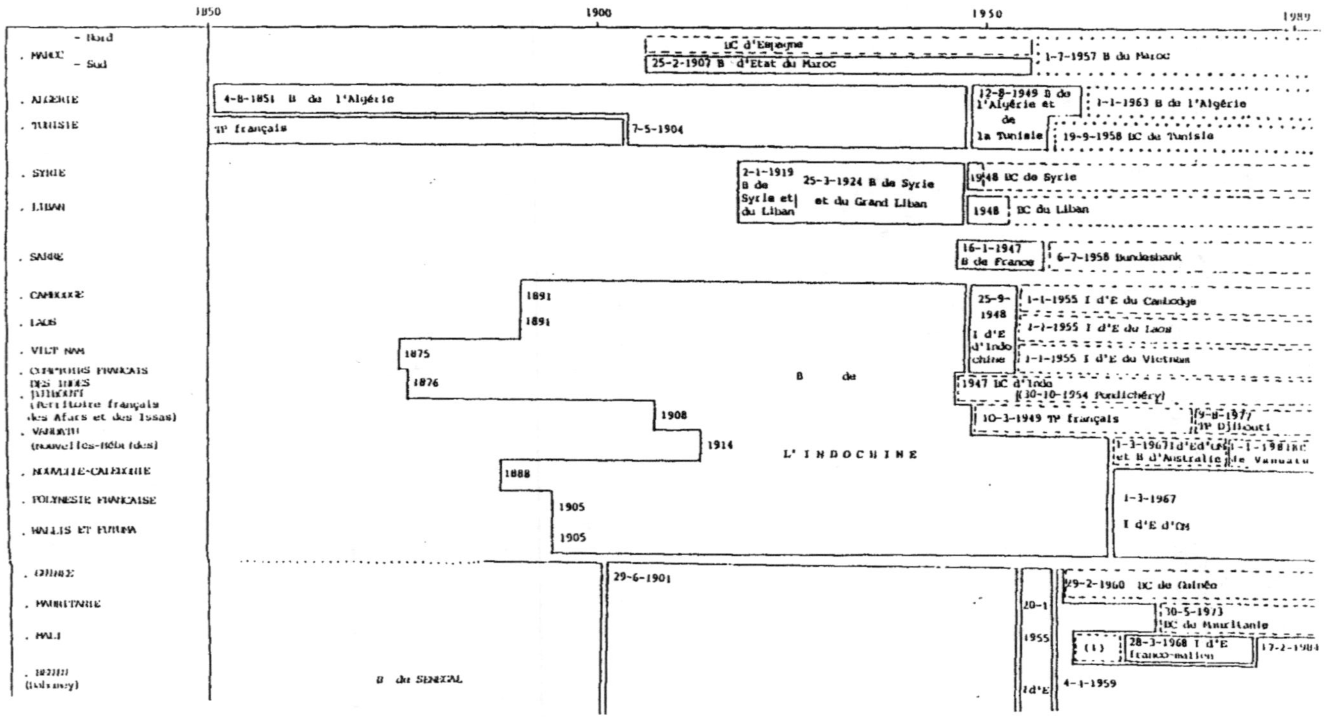

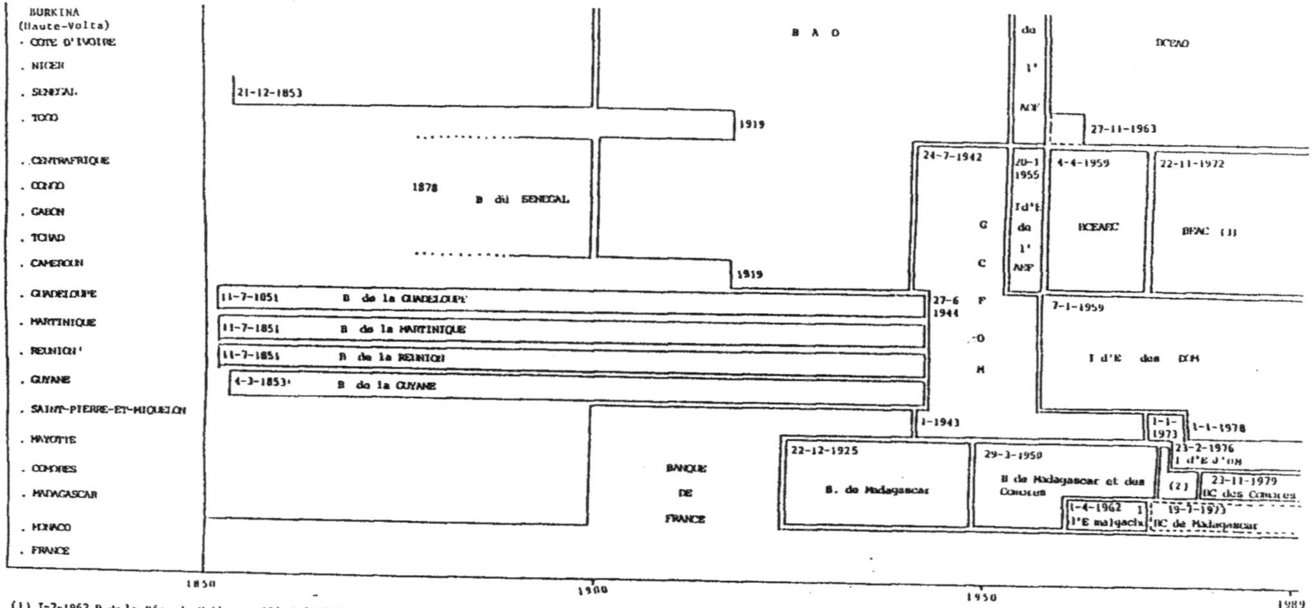

(1) 1-7-1962 B de la Rép. du Mali (2) 1-1-1975 I d'E des Comores (3) Y compris Guinée équatoriale depuis le 1er janvier 1985.

- Légende
  - Institut d'émission appartenant à la zone franc (compte d'opérations en 1989)
  - Institut d'émission n'appartenant pas à la zone franc (compte d'avance en 1989)
  - Institut d'émission n'appartenant plus à la zone franc

- Abréviations : B = Banque ; C = Centrale ; D = Département ; E = Emission ; I = Institut ; OM = Outre-mer ; TP = Trésor public

SOURCES : Construction personnelle ;
Références bibliographiques : G.FRANCOIS et H.MAXIOL, 1929, pp.309-314 ; F.SERVAIS, 1932, pp.143-153 ; J.G.MERIGOT et P.COULBOIS, 1950, pp.334-338 et 352-357 ; F.BLOCH-LAINE, 1956, pp.55-65 et 78-84 ; C.H. zone franc, 1953-1987.

CHAPITRE II

LA CRISE DE 1929 : UN ÉLÉMENT MOTEUR POUR LA CRÉATION DE LA ZONE FRANC

La crise de 1929, engendrée puis entretenue en partie par une insuffisance de la demande, provoqua un repli général des métropoles sur leurs colonies ; en prenant des mesures contraignantes dans les domaines des échanges, de l'émission et des changes, l'État français se dota, comme les autres Etats européens, d'instruments lui permettant d'orienter et de contrôler plus aisément l'économie de ses colonies : aux prises avec des difficultés internes multiformes, les métropoles ont renforcé les liens avec leurs possessions d'outre-mer.

SECTION I — LE CONTRÔLE DU COMMERCE EXTÉRIEUR

Les échanges internationaux se restreignant, la plupart des pays européens se sont efforcés d'organiser leurs échanges à l'intérieur d'espaces économiques aux dimensions plus réduites, autour desquels ils pouvaient dresser des barrières protectionnistes : « *Les grandes puissances coloniales cherchaient après 1930 des zones substituts aux zones commerciales que la crise leur avait fermées ; elles les trouvaient dans leurs territoires coloniaux où la domination économique renforcée s'alliait à la contrainte politique directe. Une organisation prit corps liant étroitement les territoires dépendants à la métropole et s'inspirant de l'idéologie du pacte colonial : échange de biens secondaires et tertiaires contre produits primaires non élaborés* » (M. Rudloff, 1970, p. 263).

Afin de contrôler le commerce extérieur, le gouvernement français consolida les barrières douanières qu'il avait érigées autour du territoire national et des territoires d'outre-mer ; à partir de 1931, il contingenta quantitativement les échanges de certains produits puis, après 1932, le commerce avec certains pays dont l'Allemagne. Dans la zone franc, le pouvoir de décision, totalement accaparé par la métropole, fut d'abord utilisé pour soutenir et relancer l'activité économique et l'emploi en France, l'outre-mer devant, notamment, fournir de nouveaux débouchés et un surcroît de matières premières aux entreprises métropolitaines ; dans ce but, les administrations françaises d'outre-mer contribuèrent à accroître les productions locales et firent procéder à l'aménagement, sous forme de grands travaux, d'infrastructures communes, parfois sous la contrainte et dans des conditions difficiles pour les populations.

Dès lors, l'ensemble des colonies françaises fut inséré dans un espace que les autorités métropolitaines cherchèrent à intégrer économiquement autour d'une langue et d'une monnaie commune : « *Les gouvernements de la IIIe République ont mené une politique économique d'inspiration protectionniste qui a eu pour effet, surtout depuis la crise de 1929, de détacher la métropole et l'empire des conditions du marché mondial, et de créer, sous l'effet de législations à caractère politique, économique et social, une* ZONE GÉOGRAPHIQUE A PRIX PROTÉGÉS » (F. Bloch-Laine, 1956, p. 255).

SECTION II — LE CONTRÔLE DES CHANGES DE 1939 : L'AFFIRMATION EXTÉRIEURE DE LA ZONE FRANC

1. De 1929 à 1939, les autorités monétaires françaises poursuivirent l'harmonisation des statuts des banques d'émission coloniales ; les mesures monétaires les plus significatives concernèrent la politique des changes : la loi monétaire du 1er octobre 1936 abolit la définition-or du franc Poincaré et la libre convertibilité des billets en métal (1) ; elle créa simultanément le Fonds de stabililisation des changes, un instrument permettant aux autorités monétaires de régulariser les cours du franc français sur les marchés des changes ; enfin, cette loi autorisa les banques coloniales à considérer le franc français comme une « devise étrangère » dans les encaisses qu'elles étaient tenues de conserver : *« la couverture des émissions locales peut être constituée en francs métropolitains »*, un système qualifié, non sans quelque humour, de *« Franc Exchange Standard »* (L. Bourcier de Carbon, 1959, p. 20). L'organisation monétaire de la zone franc était ainsi consolidée autour de la monnaie française dont le rôle fut primordial durant cette phase de construction ; si les signes monétaires utilisés dans quelques colonies demeuraient différents des signes métropolitains, ils s'échangeaient, néanmoins, à une parité fixe avec ceux-ci.

2. A l'approche de la Seconde Guerre mondiale, la France, comme la Grande-Bretagne, fut contrainte, sous la pression des événements politiques, de prendre des mesures restrictives pour défendre, avec l'appui de ses colonies, son économie et sa monnaie. En 1939, si le conflit était militaire, il possédait également une composante économique : les ressources des colonies devaient permettre aux métropoles de résister avec des moyens accrus aux pressions extérieures ; la zone franc et la zone sterling devaient, à terme, constituer de véritables zones d'autarcie ; la recherche et la promotion d'une forme d'intégration économique se révélèrent, dès lors, d'autant plus nécessaires. Alors que, jusqu'en 1939, l'intégration monétaire au sein de la zone franc s'était réalisée autour d'une monnaie de référence et de la politique monétaire métropolitaine,

l'entité monétaire « zone franc » allait être reconnue au plan international comme une zone monétaire avec la mise en place et le fonctionnement d'une politique de change commune à tous les territoires français, métropolitains et d'outre-mer, vis-à-vis de l'extérieur : « *La liberté des transferts constitue bien en réalité le critère qui permet de déterminer les limites exactes de la zone franc. Le contrôle des changes s'exerce à partir du moment où la libre convertibilité n'est plus admise* » (F. Bloch-Laine, 1956, p. 30).

3. Le contrôle des changes fut défini par les décrets des 28 août, 1er et 9 septembre 1939 qui « *prohibent ou réglementent en temps de guerre l'exportation des capitaux, les opérations de change et le commerce de l'or* » (2) ; pour la première fois, un texte définissait officiellement la qualité de « *RÉSIDENT DE LA ZONE FRANC* » (3).

Les mesures prises étaient très coercitives : tout résident était astreint à déclaration de ses avoirs à l'étranger et à leur rapatriement. En instaurant un contrôle sur les mouvements de devises, les autorités françaises disposaient de moyens de contrôle indirect sur le commerce extérieur : légalement, tout exportateur devait céder les devises acquises à l'extérieur, tout importateur ne pouvait introduire de marchandises dans la zone qu'après autorisation de l'Office national du commerce extérieur.

4. Après la déclaration de la guerre, le contrôle du commerce extérieur fut fortement renforcé : il prohiba, sauf dérogation, toute importation et exportation ; il fut étendu à tous les pays et s'appliqua, en particulier, aux territoires français d'outre-mer, à l'exception de l'Algérie ; à partir de mai 1940, les mouvements de capitaux ne furent plus limités à l'intérieur de la zone franc et « *une seule règle demeura : l'obligation de n'effectuer de transfert entre territoires membres de la zone que par voie d'un intermédiaire agréé* » (F. Bloch-Laine, 1956, p. 258).

Ces mesures ont accentué la centralisation du pouvoir de décision dans la zone franc, la quasi-totalité des rapports monétaires et économiques des membres de la zone franc avec l'extérieur étant définie par le ministère français des Finances et des Affaires économiques. Au sein des zones monétaires coloniales, les impératifs politiques et économiques de la métropole en guerre ont contribué à réorienter une partie des activités des territoires satellites, et à exercer une pression accrue sur leur processus de développement.

5. Les contrôles mis en place par les autorités de Vichy ne s'appliquèrent que durant quelques mois à l'ensemble de la zone franc car, rapidement, les territoires de l'Afrique équatoriale française et du Cameroun, puis d'autres colonies françaises, rejoignirent la France libre.

SECTION III — LES OPTIONS MONÉTAIRES DE LA FRANCE LIBRE

1. En occupant militairement la France, l'Allemagne lui imposa ses conceptions monétaires, comme elle l'avait fait dans tous les pays précédemment conquis. Par ordonnances (des 17 mai et 27 juin 1940), les autorités allemandes doublèrent le pouvoir d'achat du mark en France en définissant arbitrairement une nouvelle parité du franc français par rapport au mark (20 F = 1 mark), puis elles mirent en circulation sur le territoire français des billets spéciaux (4) ayant cours légal au même titre que la monnaie française ; durant cette période, la France fut, de plus, contrainte de participer au système de compensation instauré autour du Reichsmark (5) et d'aligner les modalités de son contrôle des changes sur celles du « modèle » allemand. La réalisation progressive de cette intégration monétaire forcée limita considérablement la portée des différentes mesures prises par le gouvernement de la France occupée dans le domaine monétaire.

2. A Londres, à la même époque, le Comité national de la France libre prit également des dispositions monétaires : par un accord passé le 19 mars 1941 entre ce Comité et le gouvernement britannique, la monnaie en usage dans les colonies ralliées au gouvernement français provisoire conserva sa parité de septembre 1939 vis-à-vis

forcer l'emprise économique de la métropole sur ses colonies, notamment par la reconstitution des anciens marchés coloniaux protégés et la remise en vigueur des mécanismes des surprix (8) : « *Les échanges entre la métropole et l'outre-mer se font dans la plupart des cas à des prix sensiblement supérieurs aux cours mondiaux ; le résultat est que dans un ensemble qui dans aucun cas ne doit ni ne peut être autarcique, on est conduit à pratiquer des prix qui rendent de plus en plus difficile la confrontation sur les marchés mondiaux avec la concurrence étrangère* » (P. Moussa, 1957, p. 76). La restauration d'un pouvoir et d'un contrôle métropolitain sur les principales structures de production et de commercialisation alors en activité outre-mer a également favorisé le retour de la domination française, les entreprises métropolitaines allant jusqu'à s'opposer, dans certains cas, à la création d'entreprises nouvelles dans ces territoires : « *Il est fréquemment arrivé que l'industrie métropolitaine déploie des efforts considérables pour empêcher l'installation d'une industrie dans les pays d'outre-mer* » (P. Moussa, 1957, p. 106).

4. L'expérience des francs coloniaux apparaît comme une succession d'ajustements monétaires ponctuels, effectués unilatéralement par les autorités monétaires métropolitaines afin de différencier les unités monétaires circulant dans la zone franc, à la suite des bouleversements économiques consécutifs à la guerre. Certes, après quatre années d'expérience, « *l'unité de la zone franc était complètement rétablie* », mais une seconde constatation s'imposait également, « *les monnaies d'outre-mer ne sont plus que des multiples du franc métropolitain* » (F. Bloch-Laine, 1956, p. 347) : en 1949, la France centralisatrice avait opté délibérément pour la constitution d'une zone monétaire reposant sur la seule monnaie française.

Au plan de l'organisation des relations monétaires instituées entre la France et ses territoires d'outre-mer, l'expérience des francs coloniaux fut importante, car elle rompit — du moins pour quelques temps — la rigidité du système monétaire préexistant : cette expérience de réajustements des parités fut unique dans l'histoire de la zone franc et les parités qui en résultèrent n'ont plus été modifiées depuis cette époque, malgré les nombreux souhaits,

TABLEAU I - VALEURS DES FRANCS CFA ET CFP, DU DOLLAR, DE LA LIVRE, DU MARK ET DU FRANC SUISSE EN FRANCS FRANCAIS [1939-1989]

		1 FCFA	1 FCFP	1 $ (EU)	1 £ (GB)	1 mark (RFA)	1 franc (Suisse)
	1939 1er sept.	1	1	43,80	176,6		
	1945 8 mai	-	-	50	200		
FRANCS COLONIAUX	26 déc.	1,70	2,40	119	480		
	1948 26 jan.	-	4,32	214	864		
	18 oct.	2	5,31(1)	264	1062		
	1949 27 avr.	-	5,48(1)	272	1097		
	20 sept.	-	5,50	350	980		
	1958 27 déc.	-	-	493,70	1382	117,50	112,90
	1969 10 août (NF)	0,02	0,055	5,55	13,33	1,38	1,27
	1971 18 déc.	-	-	5,11	13,33	1,58	1,33
	1973 13 fév.	-	-	4,60	11,27	1,63	1,34
	1989 2 juin.	-	-	6,69 (2)	10,59	3,39	3,94

(1) réforme du 17 octobre 1948 : 1 FCFP = Cours moyen du dollar au marché libre $\times \frac{1}{49,625}$

(2) 10,61 F, cours le plus élevé enregistré à Paris, le 26 février 1985.

SOURCES : J.G.MERIGOT et P.COULBOIS, 1950, pp.323-332 ; F.BLOCH-LAINE, 1956, pp. 329-330 et 342-360 ; M.LEDUC, 1965, pp.53-60 ; R.SEDILLOT, 1979, p.291 ; Le Monde = cote des changes

les autorités françaises optant pour une stabilisation de la valeur du franc français par rapport au dollar et pour une suppression du double marché ; cette décision redonnait au franc français un rôle directeur au sein de la zone franc : ce 20 septembre 1949, l'unité de la zone franc était restaurée et l'expérience des francs coloniaux prenait fin.

B. De la justification de « l'expérience » ... à celle des parités

1. L'origine des francs coloniaux doit être recherchée dans les conclusions des travaux de la conférence de Brazzaville (30 jan.-8 fév. 1944) au cours de laquelle le général de Gaulle posa les bases de l'Union française (5), qui fut créée lors de l'adoption de la Constitution de 1946 et

* émettait les billets de banque qui avaient cours légal dans sa zone d'émission (art. 6) et mettait en circulation, dans cette zone, des monnaies métalliques (art. 20).

b) *Chaque Institut* pouvait réaliser la plupart des opérations qui relevaient des attributions habituelles des instituts d'émission dont, notamment :

* effectuer les transferts entre la métropole et les territoires d'outre-mer (art. 10), les achats et ventes d'or et de devises étrangères (art. 11) ;

* réescompter des effets à court terme (art. 12) et consentir des crédits aux banques pour une période inférieure à six mois (art. 13), ces opérations constituant la principale activité des deux Instituts en dehors des opérations d'émission ;

* consentir des avances sur effets publics (ayant moins de six mois à courir) (art. 15) et escompter des traites et obligations cautionnées (art. 16) ;

* escompter aux banques des effets représentatifs de crédits à moyen terme, d'une durée maximum de cinq ans et octroyés pour financer le développement des moyens de production ou la construction d'immeubles (art. 17) ;

* assurer la centralisation des risques bancaires (art. 22).

Les deux Instituts ne pouvaient prendre des participations (art. 24), ni accorder des crédits directs aux particuliers ou aux territoires (art. 14).

c) *Afin d'assurer la convertibilité* entre le franc CFA et le franc français, et pour garantir la valeur de la monnaie africaine, le Trésor français a ouvert dans ses écritures, comme il l'avait fait auparavant pour les Banques de Madagascar et du Maroc et pour la CCFOM, des comptes d'opérations au nom des deux nouveaux Instituts d'émission africains (15), ces comptes pouvant devenir débiteurs pour des montants non limités (16) : « *L'objet d'une convention de compte d'opérations est d'assurer au Trésor et à la Banque d'émission l'avance permanente, illimitée et réciproque de leurs besoins de change, d'obliger la banque à reverser au Trésor ses excédents de change métro-*

politains, de l'inciter, par le jeu d'un intérêt progressif à sa charge en cas de position débitrice du compte, à prendre toute mesure susceptible de limiter le déséquilibre de la balance des comptes du territoire » (« Les pays d'outre-mer, Inventaire de la situation financière de 1952 », in F. Bloch-Laine, 1956, p. 365) ; dès lors, tout mouvement de fonds entre la métropole et un pays d'Afrique de l'Ouest ou d'Afrique équatoriale affecte le solde du compte d'opérations de l'un des deux nouveaux Instituts d'émission. Par le biais des comptes d'opérations, le Trésor public français a assuré des fonctions monétaires qu'il n'a abandonnées à la Banque de France, après l'indépendance des pays d'outre-mer, que pour les pays du Maghreb (17).

La réforme du régime de l'émission intervenue en 1955 en AOF et en AEF apparaît comme l'amorce d'une redistribution du pouvoir monétaire au sein de la zone franc ; à différents niveaux, l'autonomie de décision des nouveaux Instituts d'émission est cependant demeurée limitée : en particulier, dans chaque zone d'émission, la métropole a continué à exercer une influence déterminante sur les délibérations des conseils d'administration ; le contrôle des opérations a été assuré par un collège de censeurs nommés par les pouvoirs publics métropolitains ; dans le domaine des changes, la Caisse centrale a conservé son pouvoir de tutelle sur les Offices locaux des changes.

D. La coordination monétaire au sein de la zone franc

1. Cette coordination avait été assurée depuis 1851 par une Commission de surveillance des banques d'émission coloniales, un organisme qui avait disposé de peu de pouvoirs effectifs, malgré plusieurs réformes successives (voir supra, p. 36 et G. Leduc, 1952).

2. En 1942, les autorités monétaires de la France libre confièrent ce rôle à la Caisse centrale qui contrôla, durant quelques années, les activités de chaque banque d'émission d'outre-mer.

3. En avril 1946, la Caisse reçut de nouvelles attribu-

tions et la Banque de France — dont la plupart des interventions influaient sur les activités des autre Instituts d'émission de la zone franc — fut chargée d'organiser la coordination monétaire au sein de la zone, en tenant compte des aspirations politiques nouvelles des pays et territoires membres de l'Union française.

4. Une loi du 24 mai 1951 créa un « Comité technique de coordination » qui fut transformé en *COMITÉ MONÉTAIRE DE LA ZONE FRANC* par le décret du 5 février 1952 ; ce comité comprenait 21 membres, tous métropolitains jusqu'en 1955 (18) ; il se réunissait une fois par trimestre afin d'examiner les questions relatives à la monnaie et au crédit dans la zone franc (voir P. Moussa, 1957, p. 176) : « *Le rôle du Comité devrait normalement consister à définir les éléments d'une politique monétaire et bancaire qui, tout en tenant compte largement des situations locales, s'inscrive dans le cadre des objectifs généraux de l'ensemble de la zone franc et permette d'éviter ou de pallier les mouvements de capitaux dus à l'existence de disparités momentanées* » (X ... , *Revue d'économie politique*, 1952, p. 884). Le Comité devait, en particulier, faciliter les prises de décisions par les autorités monétaires et promouvoir, dans le cadre de la zone franc, une harmonisation des mesures à appliquer.

5. Entre 1955 et 1958, l'autonomie interne accordée par la France à certains territoires d'outre-mer (19), et les changements intervenus dans le régime de l'émission en AOF et en AEF, provoquèrent quelques réformes dans l'organisation et le fonctionnement du Comité monétaire de la zone franc (20). La mise en place de la Communauté franco-africaine (21), après son acceptation par le référendum constitutionnel du 28 septembre 1958, modifia l'organisation de la coordination monétaire à l'intérieur de la zone franc : le Comité monétaire de la zone franc perdit une partie de ses attributions, son rôle en matière d'organisation bancaire et de réglementation du crédit étant, notamment, transféré à un nouvel organisme métropolitain, le Conseil supérieur du crédit (*JO* Communauté, 15 juin 1959).

6. L'échec de fait de la Communauté (22) après quelques mois de fonctionnement — alors que tous ses organes n'étaient pas encore opérationnels — et l'indépendance obtenue par les États africains en 1960, montrèrent les limites de la coordination monétaire telle qu'elle avait été conçue dans la zone franc entre partenaires indépendants : « *Les règles de fonctionnement d'un Comité monétaire de la zone franc "pluri-étatique" ne sont pas faciles à déterminer. En effet, les décisions monétaires les plus importantes — telles que la dévaluation — doivent, pour porter les fruits qu'on en attend, être étudiées et prises dans le plus grand secret. Or, des débats sur de tels problèmes au sein d'un comité comprenant des représentants de chacun des nombreux jeunes États de la zone monétaire — et qui risquent de n'être pas tous d'accord sur l'opportunité des mesures envisagées — présentent évidemment des risques : avant que la décision ne soit prise, des réactions spéculatives du public peuvent lui enlever une grande partie de son efficacité* » (M. Leduc, 1965, p. 68).

A l'approche de l'indépendance des États africains, le Comité monétaire de la zone franc ne fut pas associé aux études préalables à la dévaluation du franc français de décembre 1958 et il ne fut pas réuni en 1959 ; depuis cette époque, aucun organisme n'assure plus la coordination monétaire de la zone franc. Depuis 1964, et en dehors de toute institution, les ministres de l'Économie et des Finances des pays membres de la zone franc se réunissent deux fois par an pour « *examiner les sujets d'intérêt commun et rapprocher les positions respectives des membres de la zone au sein des institutions monétaires internationales* » (X. de la Fournière, 1970, p. 197) (23) (schéma 3, p. 80) ; il existe encore actuellement un « secrétariat du Comité monétaire de la zone franc », rattaché à la direction générale des services étrangers de la Banque de France, et dont les activités s'articulent autour de trois axes : la publication d'un rapport annuel sur la zone franc, seul document rassemblant des informations économiques et monétaires détaillées sur l'évolution des pays membres [C.M. ZONE FRANC, 19..] ; l'organisation des réunions ministérielles qui se tiennent alternativement en France et en Afrique ; la réalisation d'études et de recherches sur des thèmes en rapport avec la zone franc.

SCHEMA 3 - ORGANISATION MONETAIRE DE LA ZONE FRANC [Juin 1989]

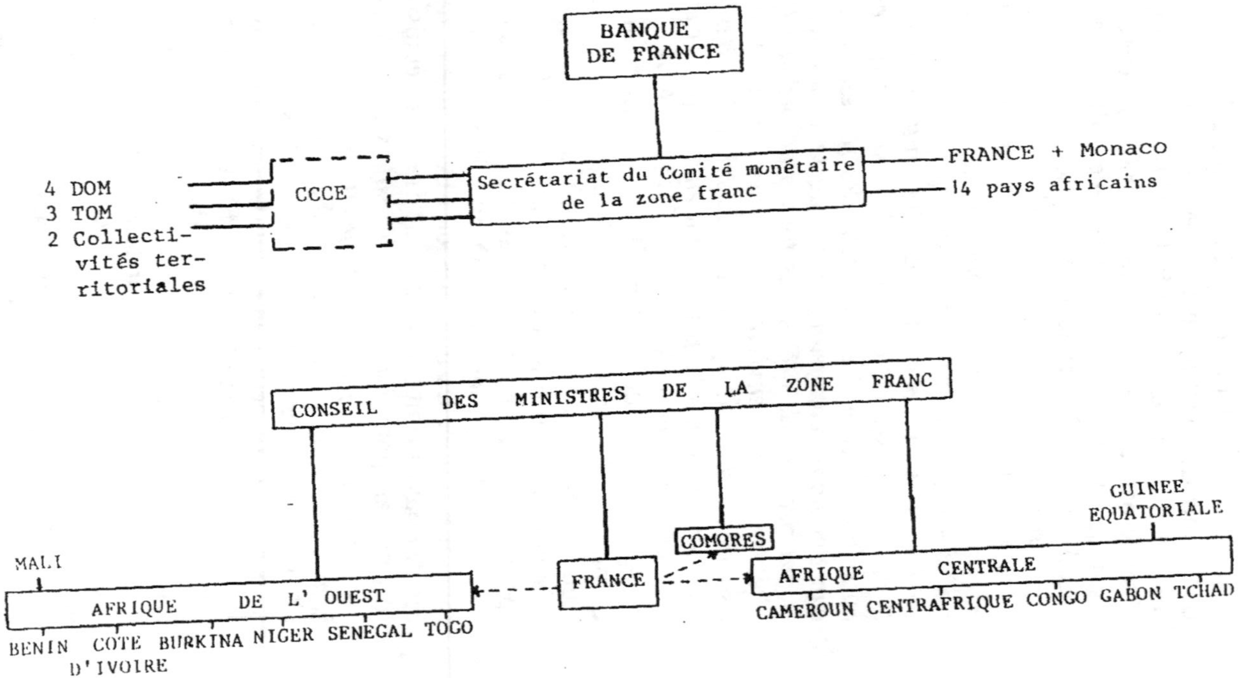

Le fonctionnement du Comité monétaire de la zone franc jusqu'en 1958, puis la disparition, de fait, de cet organisme, mettent en évidence le poids déterminant des choix monétaires métropolitains au sein de la zone franc ; dans cet ensemble, l'héritage historique était trop important, les différences de développement trop marquées pour qu'il y eût homogénéité. Cependant, dans l'outre-mer français, une décolonisation monétaire plus prononcée aurait pu accompagner la décolonisation politique, tout en maintenant une intégration monétaire reposant sur des fondements rénovés : les attributions et les pouvoirs du Comité monétaire commun auraient pu être renforcés, une véritable concertation définie, puis promue entre les partenaires, la domination monétaire française plus atténuée.

*

* *

La période 1945-1960, jalonnée dans l'outre-mer francophone par l'accession à l'indépendance et en France par des changements de gouvernement multiples, apparaît à de nombreux égards comme une période de transition. Au plan de l'émission monétaire outre-mer, plusieurs tendances se dégagent :

— Les autorités monétaires françaises ont commencé à harmoniser les statuts des instituts d'émission.

— A la suite des nationalisations et de la création d'organismes publics, les autorités métropolitaines ont obtenu les moyens nécessaires pour orienter et contrôler avec plus d'efficacité le fonctionnement des circuits d'émission outre-mer.

— Enfin, même si leurs pouvoirs effectifs sont demeurés réduits dans le domaine monétaire, les anciennes colonies françaises ont commencé à être directement associées à la gestion des organismes disposant du privilège d'émission sur leur territoire.

Les changements politiques intervenus en France en mai 1958 et l'échec de la Communauté franco-africaine ne modifièrent pas profondément l'organisation monétaire et financière de la zone franc. Seule, la perspective d'une prochaine indépendance des territoires français situés en Afrique sub-saharienne incita les autorités françaises à réaménager l'organisation de l'émission monétaire outre-mer, en modifiant, le 4 avril 1959, les textes organiques en vigueur : les autorités françaises remplaçaient les Instituts d'émission de l'AOF et de l'AEF par deux banques centrales, la Banque centrale des États de l'Afrique de l'Ouest [BCEAO] et la Banque centrale des États de l'Afrique équatoriale et du Cameroun [BCEAEC].

Depuis la colonisation et durant plusieurs décennies, tantôt sous la pression des événements extérieurs, tantôt pour satisfaire ses propres intérêts, la France a mis progressivement en place dans ses colonies une organisation monétaire centralisée, intégrée, unitaire autour d'un noyau central constitué par son économie et sa monnaie. Cette organisation monétaire et financière tournée prioritairement vers la métropole devait favoriser les échanges entre la France et ses colonies, devait contribuer à assurer l'essor économique de l'Union française, puis de l'éphémère Communauté franco-africaine, essentiellement à travers celui des entreprises, des banques et des colons français installés outre-mer : « *Il faut contester vigoureusement le soi-disant profit tiré par les territoires africains de leurs relations "privilégiées" avec les métropoles. Même dans l'après-guerre, l'aide "nette" reçue fut plus que compensée par les concessions ou les privilèges commerciaux obtenus en faveur des intérêts métropolitains. Le fait que l'administration coloniale, dominée par la métropole, n'ait pas utilisé la fiscalité et les contrôles directs pour accélérer le développement, aggrava encore le préjudice subi par les territoires dépendants* » (T. Balogh, 1963, p. 195).

Au fur et à mesure de la colonisation, dans de nombreux domaines, la logique coloniale a commandé la répartition des principales activités économiques et a souvent trouvé dans l'organisation monétaire un support et un relais de première importance, notamment au plan commercial et au plan financier : « *Dans les territoires tropicaux, le Blanc administre, assure l'ordre et la sécurité ; il soigne, il enseigne, il évangélise ; laissant aux indigènes les cultures traditionnelles, il prend en main les productions qui exigent des capitaux, des techniques nouvelles, et qui sont destinées surtout à l'exportation : il contrôle le commerce extérieur et, plus ou moins incomplètement, le commerce intérieur* » (C. Roquebain, 1949, pp. 21-22).

L'emprise française sur les économies d'outre-mer était suffisamment forte avant 1960 pour réussir à traverser la période des indépendances, puis à se maintenir au-delà, quoique sous des formes différentes et dans des contextes politiques et économiques en partie nouveaux.

NOTES

(1) Cette dénomination rassemble tous les territoires relevant du ministère de la France d'outre-mer, soit les anciennes colonies transformées en territoires d'outre-mer et, par extension, les deux territoires alors placés sous tutelle française : le Cameroun et le Togo.

Les autres colonies (Martinique, Guadeloupe, Guyane et Réunion) furent transformées en départements d'outre-mer par la loi du 13 mars 1946 et relevèrent, comme les départements métropolitains, du ministère de l'Intérieur.

(2) Toutefois, durant quelques années, plusieurs mesures conservatoires continuèrent à être appliquées : parmi celles-ci, un contrôle fut maintenu sur les sorties de billets de banque et, comme en 1940, les transferts autorisés durent obligatoirement être effectués par des intermédiaires agréés.

(3) Les dépenses de guerre, puis de reconstruction et de modernisation de l'économie française, ont accru l'endettement extérieur de la France, et ont conduit les autorités à prendre des mesures dirigistes : « *Les déficits de la balance des paiements de la zone à l'égard des pays à devises fortes n'ont pu être comblés que par l'obtention de crédits à moyen et long terme en Grande-Bretagne et aux États-Unis, et l'adhésion de la France au programme de relèvement économique européen. Le caractère alarmant des déficits apparus au lendemain de la Libération a contraint les pouvoirs publics à prendre des mesures exceptionnelles de réquisition de certains avoirs en or et en valeurs étrangères détenus par des résidents* » (F. Bloch-Laine, 1956, p. 295).

Le gouvernement français négocia des accords de paiements, bilatéraux et multilatéraux, et la France participa, dès sa création, à l'Union européenne des paiements [UEP], une union qui facilita la reprise des échanges internationaux.

Il convient d'associer à ces dispositions monétaires les mesures prises entre 1930 et 1940, et reconduites dès février 1944 par le gouvernement de la France libre, dans le domaine du commerce extérieur, afin de contrôler les échanges commerciaux.

(4) Le réajustement monétaire fut conséquent puisque la parité du franc

ces des pays membres de la zone franc qui s'est tenue à Libreville, le 3 avril 1980, à la suite du second choc pétrolier, le communiqué informe que « *les ministres ont examiné l'évolution récente de la situation économique et financière des États de la zone franc. Ils ont entendu les rapports de MM... concernant respectivement la situation des pays membres de la Banque de ... Ils ont pris connaissance des derniers résultats de la balance des paiements de la France avec l'extérieur ... Ils ont marqué leur vive préoccupation devant la dégradation de la situation économique mondiale...* » (BCEAO, *Notes d'information et statistiques mensuelles* [NIS], n° 282, avril 1980).

Ces réunions sont précédées, depuis mai 1981, par des réunions techniques préparatoires groupant des experts nationaux.

ciés signèrent des accords de coopération avec la France (2) ; parmi ces accords bilatéraux qui concernaient de nombreux domaines (3), un accord de coopération particulier, « en matière économique, monétaire et financière », fut ratifié par la France et chaque pays membre de la zone franc (4).

Au plan monétaire, ces accords confirmaient l'attachement de tous les pays à la zone franc ; ils en rappelaient les principaux éléments constitutifs et les modalités de fonctionnement ; puis ils réaffirmaient l'adhésion des pays aux groupements monétaires régionaux : « *Les accords s'efforcent d'éviter de détruire l'unité monétaire préexistante en spécifiant que les États africains considérés décident de confier, au moins provisoirement, l'émission de leur monnaie à la Banque centrale commune* » (M. Leduc, 1965, p. 124).

Les accords de coopération contenaient également des dispositions générales sur l'aide française (5) dont la finalité et la mise en œuvre furent à l'origine de nombreuses controverses (6). Des rapprochements spécieux étaient fréquemment faits à cette époque entre le montant des flux financiers affectés à l'aide et les contreparties qu'en retirait la France, en particulier au niveau de son commerce extérieur : « *Il va de soi que l'aide est accordée au moins en grande partie pour des raisons intéressées, c'est-à-dire comme la contrepartie des garanties et privilèges obtenus par l'ex-métropole. Cependant, ce lien contractuel est rarement exprimé de manière explicite. Dans certains cas, toutefois, il est nettement apparent* » (P. Moussa, in J.B. Duroselle et J. Meyriat, 1964, p. 171).

Des dispositions relatives à l'organisation des échanges figuraient dans les accords bilatéraux : avec l'indépendance, les relations commerciales entre la France et chaque pays devaient se maintenir dans le cadre d'un régime préférentiel réciproque « *[qui] a pour objet d'assurer à chacune des Parties des débouchés privilégiés et doit comporter un ensemble équilibré d'avantages mutuels, notamment dans le domaine commercial et tarifaire ainsi que dans celui des organisations de marchés* » (Accord de coopération en matière économique, monétaire et financière signé par la France et le Cameroun, art. 13, *JO*, 6 août 1961, p. 7430). Dans ce but, et à l'instar des autres accords de coopération bilatéraux signés à cette époque, l'accord passé entre la France et le Cameroun précisait (art. 16) : « *L'entrée sur le territoire douanier français de marchandises originaires et en provenance de la République du Cameroun et l'entrée sur le territoire douanier camerounais de marchandises originaires et en provenance de France, s'effectue librement et en franchise de droits* » (7). Ces dispositions commerciales ont favorisé le maintien de courants d'échanges importants entre la France et ses anciennes colonies, elles ont fortement influencé l'orientation du commerce extérieur des pays africains membres de la zone franc (tableaux III et IV, pp. 95-96) ; elles justifient, en partie, l'acceptation par ces pays d'une réglementation monétaire relativement coercitive, mais les responsables français chargés de la politique de coopération ont constamment considéré que celle-ci devait être appréhendée globalement, qu'elle formait un tout, où les avantages et les inconvénients variaient et différaient selon les pays et selon les époques.

SECTION III — LA CRÉATION DES COMITÉS MONÉTAIRES NATIONAUX [1959-1965]

Afin de faire face aux souhaits du Cameroun de disposer d'un organisme monétaire national et, à terme, de l'autonomie monétaire (8), le conseil d'administration de la BCEAEC créa en son sein, conformément aux accords franco-camerounais du 25 décembre 1959, deux comités monétaires spécialisés : un pour le Cameroun et un pour les quatre autres pays francophones d'Afrique équatoriale. Depuis 1965, chaque pays dispose d'un comité monétaire national (BCEAEC, 1966).

Lorsque les statuts de la BCEAO furent réaménagés en mai 1962, des comités monétaires nationaux furent également créés en Afrique de l'Ouest. Les attributions et le fonctionnement de ces comités seront examinés avec l'administration des deux banques centrales (infra, p. 110).

TABLEAU III - EVOLUTION DE LA PART DE LA FRANCE DANS LES EXPORTATIONS DES MEMBRES DE LA ZONE FRANC [1957-1987]

en %

	1957	1958	1960	1964	1968	1972	1976	1980	1982	1983	1984	1985	1986	1987
- BENIN	93	79	67	75	37	38	31	15	14	7	5			
- BURKINA	6	19	2	20	14	19	26	18	15	12	11	29	26	34
- COTE D'IVOIRE	58	60	52	36	35	29	25	22	20	19	16	17	14	
- NIGER	85	73	71	65	57	38	54	40	58	48	51	66		
- MALI (1)	81 (Mali et Sénégal)	81 (Mali et Sénégal)	82 (Mali et Sénégal)	3	16	28	31	24	10	12				
- SENEGAL				80	66	58	46	32	29	32	31	26		
- TOGO	85	73	62	44	39	27	28	15	22	18	21	23		
- CAMEROUN (2)	59	64	57	54	34	32	25	20						
- CENTRAFRIQUE			66	47	38	48	44	52	44	32	32			
- CONGO			28	11	11	20	16	1	10	9	11			
- GABON		57	51	51	34	29	42		25	22	31	33		
- TCHAD	81	85	69	55	57	35								
- COMORES			51	49	60	57	57	48	55(3)	31	43	39	41	35
- GUADELOUPE	92	86	93	[illegible]	71	93	84	73	68	69	72	63	72	67
- GUYANE	43	67	67	[illegible]	11	3	11	26	21	9	9	19	23	38
- MARTINIQUE	96	90	95	89	82	77	68	43	54	53	55	58	63	65
- REUNION	86	89	81	93	85	79	69	85	61	53	77	56	70	71
- NOUVELLE-CALEDONIE	61	79	77	44	47	55	51	56	56	47	59	59	52	44
- POLYNESIE	52	48	48	45	80	75	82	61	68	51	64	52	60	

(1) Mali, Sénégal et Mauritanie (2) Jusqu'en 1962, Cameroun occidental exclu (3) 1981

SOURCES : C.M. zone franc, 1957 à 1987 ; BCEAO, NIS, Statistiques économiques et monétaires ; B.C. Comores, Rapports annuels.

sée et des économies en voie de développement, on doit reconnaître que les problèmes de paiements de la métropole sont solidairement et conjointement ceux des pays satellites » (R. Tremblay, in R. Tremblay, 1972-2, p. 251).

C. La liberté des transferts internes à la zone franc

Les transferts de capitaux sont libres à l'intérieur de la zone franc : ainsi en Afrique équatoriale, « *la Banque centrale doit exécuter toute demande de transfert entre la France et les États où elle exerce le privilège d'émission* » (BCEAEC, 1966, art. 10).

La libre transférabilité des capitaux favorise divers flux de capitaux internes à la zone, des flux de sens contraires, difficilement quantifiables depuis l'abolition du contrôle des changes, le 31 janvier 1967, et qui ont affecté, sous des formes très différentes, l'activité économique des pays africains de la zone franc (12). Au plan des investissements, la libre transférabilité des capitaux a incité certaines entreprises françaises à investir dans les pays de la zone franc, les milieux professionnels considérant que « *la liberté des transferts entre la France et les États de la zone franc est d'un avantage exceptionnel pour nos entreprises* » (R. Pré, 1973, p. 1667) (13). Ces apports de capitaux doivent être comparés aux flux de sens inverse qui déséquilibrent, parfois fortement, les balances des paiements de certains pays africains de la zone franc ; les agents économiques étrangers sont à l'origine de la sortie d'une partie des capitaux qui quittent le territoire national : le personnel étranger et les coopérants rapatrient une fraction de leurs revenus, les entreprises étrangères transfèrent à l'extérieur les bénéfices qui ne sont pas réinvestis localement ; simultanément, des flux similaires sont provoqués par des nationaux ou des entreprises locales qui placent une part, parfois conséquente, de leurs ressources disponibles à l'étranger, le plus souvent pour des motifs de sécurité (14) et/ou de rentabilité (15) : alors que la mobilisation de l'épargne nationale par les intermédiaires financiers et son affectation à des activités concourant au développement se heurtent fréquemment à des freins socio-économiques et culturels, cette exportation de capitaux par une couche privilégiée de la population affecte la formation, déjà difficile par ailleurs, du capital national.

Le respect du principe de la libre transférabilité par tous les pays membres de la zone franc met en évidence une caractéristique propre aux systèmes monétaires communs à plusieurs pays : l'appréciation de tels systèmes ne peut être identique pour chaque pays membre ou se faire d'une manière globale, car, continuellement, le système monétaire avantage par certaines de ses règles de fonctionnement quelques pays adhérents et en défavorise d'autres. Dans le temps, selon le contexte socio-politique, les données sociologiques, les ressources naturelles et les productions nationales, selon des facteurs extérieurs qui conditionnent divers mouvements de capitaux (16), l'organisation monétaire de la zone franc et son fonctionnement sont perçus par chaque membre comme des éléments favorables à son développement ou comme des éléments régressifs, générateurs de freins ou d'handicaps pour son évolution. Jouant en permanence sur cette opposition latente d'intérêts, la France a réussi à maintenir, indirectement, l'emploi de sa monnaie dans ses anciennes colonies et elle a continué de contrôler, pendant plus d'une décennie, un système monétaire insuffisamment adapté à la situation spécifique de pays en développement.

D. La mise en commun des avoirs extérieurs et les comptes d'opérations gages de la convertibilité du franc CFA

Les devises obtenues à l'extérieur de la zone franc par les membres de la zone doivent contribuer au soutien de la parité du franc français sur les marchés des changes ; à cette fin, des comptes courants dénommés « comptes d'opérations » sont ouverts dans les écritures du Trésor français, au nom de la BCEAO et de la BCEAEC (17) : « *La Banque centrale versera au compte d'opérations les disponibilités qu'elle pourra se constituer en dehors de sa zone d'émission, exception faite des sommes nécessaires pour sa trésorerie courante ; en cas d'insuffisance de disponibilités en dehors de sa zone d'émission, la Banque centrale est autorisée à prélever sur son compte d'opérations des sommes nécessaires pour la couverture des transferts ordonnés par les agences qu'elle possède sur le territoire des États où elle exerce l'émission et pour les dépenses qu'elle doit effectuer en France* » (BCEAO, 1962-4, art. 3 et 5) ; les soldes des comptes d'opérations sont porteurs d'intérêts et les taux pratiqués sont ceux qui ont été fixés par les conventions du 29 septembre 1955 (18). Depuis 1965 en Afrique équatoriale et depuis 1967 en Afrique de l'Ouest, la totalité des avoirs extérieurs de la zone d'émission n'est plus obligatoirement déposée auprès du Trésor français : chaque Banque centrale a la possibilité de souscrire des bons négociables à deux ans au plus d'échéance, libellés en monnaies convertibles, émis par les institutions financières internationales dont sont membres les États participant à la gestion de la Banque (19).

Les comptes d'opérations pouvant devenir débiteurs pour des montants théoriquement illimités, ces droits de tirage potentiels sur le Trésor public français garantissent, vis-à-vis de l'extérieur, la convertibilité du franc CFA en franc français : une garantie monétaire « *illimitée* » (P. Calvet, 1974, p. 114 ; M. Diarra, 1972, pp. 5-10) est accordée par la France aux monnaies circulant dans les pays africains membres de la zone franc ; cette garantie est un gage de stabilité pour la valeur du franc CFA et une sécurité pour les paiements à effectuer par les pays africains hors de la zone franc.

En Afrique de l'Ouest, depuis 1962 cette garantie est conditionnelle : des mesures doivent être prises, soit, à titre préventif, lorsque le compte d'opérations tend à devenir débiteur, soit lorsqu'il l'est devenu :

1. a) Lorsque le solde créditeur du compte d'opérations s'épuise, la BCEAO doit pratiquer le « ratissage » des devises dans sa zone d'émission : elle doit y rassembler tout ou partie des disponibilités extérieures qui n'ont pas été mises à sa disposition (20).

b) La BCEAO est tenue, par ailleurs, de calculer régulièrement le rapport entre le montant moyen de ses avoirs extérieurs et le montant moyen de ses engagements à vue :

— Lorsque ce rapport est demeuré pendant trois décades consécutives égal ou inférieur à 20 % ou « *lorsque l'évolution de la situation économique et financière de l'UMOA permet d'estimer que ce rapport peut devenir inférieur à 20 %* », le président (français) convoque le conseil d'administration afin de prendre les mesures de redressement nécessaires : le conseil examine « *l'opportunité d'un relèvement du taux d'escompte de la Banque, et en tant que de besoin et compte tenu de la situation propre de chaque agence, des réductions de plafonds de réescompte, d'avances et autres facilités consenties* » (BCEAO, 1962-2, art. 44).

— Lorsque ce rapport est égal ou inférieur à 10 % et le demeure pendant trois décades consécutives, un processus identique s'engage ; toutefois, « *les mesures arrêtées ne peuvent être rapportées tant que le rapport reste égal ou inférieur à 10 % pendant trois décades consécutives, sauf dérogation décidée par le conseil à la majorité des trois quarts* » (*ibidem*) (21).

Une sorte d'indicateur permettant de contrôler régulièrement la gestion de la BCEAO a été mis en place. Jusqu'à la réforme de décembre 1973, le rapport entre les avoirs extérieurs de la BCEAO et ses engagements à vue s'est élevé, en moyenne, à 58 % (sept.1962-sept.1974 ; voir tableau V, p. 104 et infra, graphique 1, p.142) et aucune des mesures restrictives prévues n'a dû être appliquée : « *En fait, l'Institut d'émission ajoute à cette marge statutaire, une marge supplémentaire qui l'empêche d'utiliser dans sa totalité les possibilités de crédit dont il dispose et qui pourraient être employées par les pouvoirs publics de chaque État pour financer sa politique de développement économique* » (M. Diarra, 1972, p. 14).

2. Lorsque le compte d'opérations de la BCEAO est débiteur durant six décades consécutives, des dispositions très précises et coercitives entrent en vigueur, de plein droit :

« *1°Les taux d'escompte, de pension et d'avance de la Banque sont majorés d'un point ;*

« *2° les plafonds de réescompte, d'avances et autres facilités à court terme sont réduits :*

TABLEAU V - EVOLUTION DU RAPPORT AVOIRS EXTERIEURS SUR ENGAGEMENTS A VUE - PAYS DE L'UMOA [1962-1988]

en %

Fin de période	BENIN		BURKINA		COTE D'IVOIRE		MALI	NIGER		SENEGAL		TOGO		UMOA	
															(1)
1962															63
1963															52
1964															44
1965															53
1966															55
1967															57
1968															56
1969															55
1970	56		99		68			79		25		100		66	69
1971	87	(1)	98	(1)	43	(1)		100	(1)	32	(1)	99	(1)	65	71
1972	85	98	98	109	39	41		100	113	41	48	98	115	64	71
1973		87		106		31			110		2		109		(2)56
1974		77		99		14			77		-		107		29
1975		31		93		21			70		19		72		44
1976		40		78		15			99		15		83		45
1977		37		61		23			98		16		53		41
1978		23		35		35			76		0,4		53		43
1979		15		51		12			64		6		42		24
1980		7		57		1			60		2		51		5
1981		44		69		0,6			51		2		73		9
1982		4		58		0,2			19		2		78		7
1983		3		67		2			34		3		82		11
1984		2		74		0,5	17		61		1		88		(3)12
1985		3		78		0,4	12		65		1		87		17
1986		2		83		1	4		63		2		85		19
1987		2		81		0,4	5		63		1		82		13
1988sept		1		83		0,7	5		62		1		81		8

(1) Nouvelle série
(2) Mauritanie exclue
(3) Mali inclus

SOURCES : BCEAO, NIS, Statistiques économiques et monétaires, Banques et monnaies.

— de 20 % dans les agences dont la situation fait apparaître un solde débiteur du compte de ses opérations extérieures ;

— de 10 % dans les agences dont la situation fait apparaître un solde créditeur du compte de ses opérations extérieures d'un montant inférieur à 15 % de la circulation fiduciaire portée à cette même situation » (BCEAO, 1962-3, art. 8).

Dans ces agences, la BCEAO ne peut consentir aucune nouvelle autorisation de concours à moyen terme. Le conseil d'administration de la BCEAO peut toutefois atténuer ces mesures, mais tant que le compte d'opérations demeure débiteur durant six décades successives, la France conserve une minorité de blocage au sein de ce conseil.

La réglementation particulière concernant la gestion des avoirs extérieurs et le fonctionnement conditionnel du compte d'opérations de la BCEAO s'explique par la composition de son conseil d'administration : après la réforme de 1962, seuls les pays d'Afrique de l'Ouest ont disposé, dans la zone franc, de la majorité des voix au conseil d'administration de leur Banque centrale (infra, p. 109) : une partie des pouvoirs monétaires étant redistribuée en faveur des pays de cette région, les autorités françaises ont pris des garanties conservatoires en contrepartie : « *La BCEAO a été "africanisée", les possibilités d'émission de la Banque ont été élargies, les dangers de déficits graves du compte d'opérations sont donc accrus* » (M. Leduc, 1965, p. 74).

Les controverses ont été nombreuses sur le rôle et les effets — réels ou supposés — des comptes d'opérations dans la zone franc : le maintien de ce mécanisme monétaire après les indépendances a-t-il surtout permis à la France de restaurer sa domination monétaire sur ses anciennes colonies ? ces comptes ont-ils exercé, directement ou indirectement, des influences déflationnistes sur les économies africaines ? les dispositions contraignantes qui conditionnent, officiellement ou implicitement, le fonctionnement des comptes d'opérations ont-elles évité aux pays africains de la zone franc de faire des expériences monétaires dommageables pour leur économie, ces comptes jouant en quelque sorte le rôle de « garde-fou » pour des pays nouvellement indépendants ? (22).

E. L'application d'un contrôle commun des changes

Le contrôle des changes appliqué par les pays de la zone franc depuis août 1939 (voir supra, p. 51 et L.G. Teyssier, 1973) fut renforcé en 1945 puis perdit peu à peu de sa rigueur au cours des deux décennies suivantes : « *Les dérogations s'étaient multipliées, à la suite notamment des mesures de redressement financier de décembre 1958 qui comportaient le retour à la convertibilité externe du franc* » (X. de la Fournière, 1970, p. 193).

Les accords de coopération bilatéraux, conclus entre la France et ses anciennes colonies, prévoyaient que chaque pays rendrait applicable sur son territoire la réglementation des changes de la zone franc : pour être efficace, la réglementation des changes définie par la France devait en effet être appliquée simultanément, et dans des conditions très proches par tous les partenaires de la zone ; dans ce but, les pays africains créèrent des Offices nationaux des changes. La loi du 28 décembre 1966, en supprimant le contrôle des changes en France, libéralisa les opérations financières de la France avec l'étranger ; après quelques mois, les pays africains modifièrent également leur législation des changes et, le 1er juillet 1967, les réglementations des changes de tous les pays membres de la zone franc étaient à nouveau identiques ; la liberté des transferts de capitaux n'était plus, quoique pour une période limitée, une caractéristique réservée à quelques grands pays disposant d'une monnaie convertible ou, dans un cadre plus restreint, aux seuls partenaires d'une zone monétaire.

Après les événements sociaux et politiques de mai 1968 en France, le gouvernement réinstaura un contrôle des changes, assez souple du 29 mai au 4 septembre 1968, puis plus contraignant à partir du 24 novembre 1968, pour faire face à la spéculation qui affecta la valeur du franc français et conduisit à sa dévaluation, le 10 août 1969. Au cours des années 1970-1971, la monnaie française s'apprécia sur les marchés des changes et la balance française des paiements s'améliora : les autorités modifièrent progressivement la réglementation des changes, afin de freiner les entrées spéculatives de dollars en France et instituèrent, le 20 août 1971, un double marché des changes, le champ d'application de cette mesure excluant les transferts internes à la zone franc.

Au fur et à mesure des changements apportés par les autorités françaises aux dispositions du contrôle des changes, les pays africains de la zone franc ont régulièrement accepté de faire évoluer leur législation sur les changes dans un sens identique à celui de la France ; cette attitude traduit une indéniable volonté d'unité et de solidarité autour de la monnaie quasi commune, mais elle reflète aussi une dépendance prolongée des anciennes colonies françaises vis-à-vis des événements sociaux, économiques et politiques qui affectent leur ancienne métropole ; cette dépendance est perceptible dans le maintien de relations commerciales et financières encore prépondérantes entre les pays africains de la zone franc et la France ; elle repose sur la place primordiale conservée par les entreprises et les capitaux français dans ces pays : « *L'existence de la zone franc est certainement conforme à certains intérêts privés français ; les entreprises françaises voient leurs relations commerciales facilitées avec les pays de la zone franc ; ceci répond à l'objectif de la zone franc qui est de stimuler le commerce de l'Afrique et d'attirer les hommes et les capitaux susceptibles de contribuer à son développement* » (S. Guillaumont-Jeanneney, 1967-1, p. 88).

F. Les opérations génératrices de l'émission

La BCEAO et la BCEAEC disposent dans ce domaine d'attributions proches de celles confiées habituellement aux banques centrales ; l'émission de monnaie par les banques centrales de la zone franc résulte de trois types d'opérations : les opérations de transferts de capitaux avec la France, les opérations sur or et devises et les opérations de crédit qu'elles sont autorisées à réaliser ; les Banques centrales africaines de la zone franc peuvent en effet (BCEAO, 1962-2, art. 9 à 17 ; BCEAEC, 1966, art. 10 à 19) :

1. Acheter et vendre de l'or et des devises étrangères.

2. Effectuer des opérations de crédit, dont notamment :

a) *Prendre en pension ou escompter,* aux banques installées dans les États membres, *des effets privés* dont l'échéance ne dépasse pas six mois ; consentir aux banques des crédits sous forme d'avances remboursables à six mois.

b) *Escompter aux banques des effets représentatifs de crédits à moyen terme* dont la durée maximum est fixée à 5 ans. Pour être mobilisables, ces crédits doivent avoir reçu l'accord préalable de la banque centrale et avoir pour objet, en Afrique équatoriale, « *le développement des moyens de production ou la construction d'immeubles* » (BCEAO, 1966, art. 18 (23)), en Afrique de l'Ouest, « *soit le financement d'opérations d'équipement incluses dans le plan de développement économique et social de l'État intéressé, soit l'exportation de produits industriels* » (BCEAO, 1962-2, art. 17).

c) *Escompter les traites et obligations cautionnées* souscrites à l'ordre des comptables des Trésors nationaux et ayant moins de quatre mois à courir.

d) *Effectuer des opérations sur effets publics* ayant moins de six mois à courir.

e) *Accorder des avances directes aux Trésors* des États de leur zone d'émission (24) :

* la durée de ces avances, fixée à 240 jours, consécutifs ou non au cours d'une année civile, pouvait être, exceptionnellement, prolongée jusqu'au premier jour ouvrable de l'année civile suivante et atteindre 360 jours, depuis 1966 pour la BCEAO et depuis 1967 pour la BCEAEC ;

* le volume total des découverts en compte courant ajouté au montant des opérations sur effets publics ne pouvait dépasser 15 %, soit des dépôts moyens du secteur privé réalisés auprès des banques durant les 12 mois précédents, soit des recettes fiscales nationales constatées au cours de la dernière année budgétaire (25).

Durant plusieurs années, seuls quelques pays ont utilisé cette forme de crédit (H. Gérardin, 1986-1, pp. 450-454) dont la portée demeurait limitée au regard de la politique monétaire : « *Cette réglementation très stricte des avances de la BCEAO aux Trésors publics africains est un instrument très efficace de limitation de la masse monétaire ; dans les conditions présentes, la Banque centrale ne peut utiliser les prêts aux États comme un instrument de politique monétaire active en vue de régulariser la conjoncture. La rigidité de la réglementation des avances aux Trésors publics fait de celles-ci un élément neutre ; c'est par un contrôle des crédits bancaires, notamment des crédits à l'économie, que les autorités monétaires peuvent essayer d'adapter l'émission de monnaie aux besoins de l'économie* » (S. Guillaumont-Jeanneney, 1967-2, p. 215) (26).

Simultanément à ces opérations génératrices de l'émission, la BCEAO et la BCEAEC sont habilitées à effectuer d'autres opérations : parmi celles-ci, chaque banque centrale a la possibilité de prendre, sur ses fonds propres, des participations dans des organismes ou entreprises présentant un caractère d'intérêt général pour un ou plusieurs États ; en Afrique équatoriale, la tutelle française apparaît ouvertement, dans la mesure où toute prise de participation requiert l'autorisation du gouvernement français et du gouvernement de l'État intéressé (BCEAEC, 1966, art. 24) (27).

Au plan des rapports entretenus par les deux Banques centrales avec les banques et établissements de crédit en activité dans leur zone d'émission, la BCEAO et la BCEAEC assurent « *dans chaque État l'application des dispositions légales et réglementaires prises par les autorités nationales et relatives à l'exercice de la profession bancaire et au contrôle du crédit* » (BCEAO, 1962-2, art. 19) ; elles sont chargées, en particulier, d'assurer la centralisation des risques bancaires dans les États où elles exercent leur privilège d'émission.

Au nom d'une orthodoxie monétaire parfois rigoureuse, la BCEAO et la BCEAEC ont reçu certaines de leurs attributions après de longues négociations avec l'ancienne puissance tutélaire, comme ce fut le cas pour les avances accordées aux Trésors. Les interventions effectuées par les Banques centrales doivent cependant être resituées dans le cadre plus large de la zone franc : la participation française aux organes de direction et d'administration des Banques centrales permet à l'ancienne métropole d'assurer un strict contrôle des options monétaires prises par les pays africains, dans un contexte qui favorise le maintien d'une domination française sur leurs économies.

G. L'administration des Banques centrales

1. Le conseil d'administration

a) *Depuis 1962*, la *composition de ces conseils* diffère dans les deux zones d'émission :

• En Afrique équatoriale, la répartition égalitaire des sièges entre la France et les pays africains a été reconduite en 1962 : grâce à cette répartition, la France continue d'orienter directement la politique monétaire des pays africains par l'intermédiaire du président français du conseil d'administration qui dispose de pouvoirs discrétionnaires importants (28).

• En Afrique de l'Ouest, depuis la réforme de 1962, la France ne dispose plus que du tiers des postes du conseil d'administration dont la présidence est assurée, pour deux ans, à tour de rôle, par les administrateurs représentant les États membres (BCEAO, 1962-2, art. 42). La majorité requise au sein de ce conseil varie selon l'importance des décisions à prendre et, dans certains cas, la France conserve une minorité de blocage (29).

b) *Les attributions des deux conseils d'administration* sont très étendues : responsable de la gestion de la monnaie commune, chaque conseil :

• *« statue sur les caractéristiques et conditions de l'émission des signes monétaires et de leur retrait ;*

• *précise les conditions générales d'exécution par la Banque centrale des opérations autorisées par ses statuts ;*

• *détermine le taux d'escompte et le taux de toutes les opérations traitées par la Banque ;*

• *arrête les règles qui s'imposent aux comités monétaires nationaux »* (BCEAO, 1962-2, art. 45).

2. Les comités monétaires nationaux

a) *En Afrique équatoriale*, ces comités sont constitués au sein du conseil d'administration de la BCEAEC ; ils groupent, en nombres égaux, des administrateurs français et africains (30) et sont tous présidés, de droit, par le président français du conseil d'administration. Ce conseil délègue une partie de ses attributions aux comités nationaux qui disposent, dans certains domaines, de pouvoirs étendus, notamment en ce qui concerne la distribution du crédit aux banques (opérations d'escompte, de crédit et d'avances). Les comités nationaux surveillent également l'évolution de la masse monétaire, déterminent les caractéristiques des signes monétaires et les conditions de financement des opérations immobilières ; ils interviennent lorsque la BCEAEC prend des participations dans des entreprises ou des organismes nationaux : « *Les décisions qu'ils prennent ne sont circonscrites dans aucune limite par le conseil d'administration, celui-ci ne leur fixe pas de plafonds globaux de réescompte ni de règles de calcul pour déterminer l'importance des concours susceptibles d'être accordés par la Banque centrale. Les comités sont donc des organes de décisions pour le fonctionnement de la Banque centrale ; leur existence permet d'adapter les interventions de la Banque centrale aux besoins de l'économie de chaque État* » (B. Vinay, 1969, pp. 149 et 151).

b) *Dans l'UMOA*, aucun représentant français ne participe aux travaux des comités monétaires nationaux : chaque comité est composé par les deux représentants nationaux au conseil d'administration de la BCEAO et par trois autres membres nommés par le gouvernement ; les principales attributions des comités ouest-africains sont proches de celles des comités monétaires d'Afrique équatoriale.

Au plan du fonctionnement de ces deux types de comité, la différence la plus significative réside dans les processus instaurés pour les opérations de réescompte de crédits bancaires : en Afrique de l'Ouest, des montants maximaux sont imposés aux comités nationaux afin de rendre compatibles leurs options avec celles du conseil d'administration de la BCEAO ; en Afrique équatoriale, cette compatibilité repose sur l'appartenance simultanée des administrateurs aux deux organismes ; les pays ouest-africains paraissent disposer d'un peu plus d'autonomie monétaire que leurs voisins d'Afrique équatoriale : « *Les États membres de l'UMOA n'ont pas délégué leurs droits de contrôle de l'émission monétaire à un organe supranational ; ils l'exercent en commun et à un niveau approprié, c'est-à-dire gouvernemental* » (T.H. Pa'uru, 1970, p. 748) ; cette différence explique, en partie, le souhait exprimé par les membres de la BCEAEC d'obtenir, dans ce domaine, un alignement des statuts de leur Institut d'émission sur ceux de la BCEAO.

SECTION V — L'UMOA : L'INTÉGRATION MONÉTAIRE RÉGIONALE INSTITUTIONNALISÉE [1962]

A. En Afrique de l'Ouest, les pays membres de la zone franc se sont officiellement groupés, le 12 mai 1962, dans l'UMOA ; cette union se caractérise « *par une monnaie commune émise par un institut d'émission commun, sous le contrôle des gouvernements* » (M. Leduc, 1965, p. 186) ; elle est dirigée par un conseil des ministres rassemblant un représentant par État. Les dispositions contenues dans le traité constitutif de l'union (BCEAO, 1962-1) servent de fondements à l'intégration monétaire régionale et concernent, principalement, les règles génératrices de l'émission, la centralisation des réserves monétaires, la libre circulation des signes monétaires et la liberté des transferts à l'intérieur de l'union ; les gouvernements des États membres ont, par ailleurs, convenu d'harmoniser leur législation monétaire et bancaire.

B. En Afrique équatoriale, l'organisation des relations monétaires et financières est proche de celle qui existe en Afrique de l'Ouest ; toutefois, dans cette région, aucun traité instituant une telle union monétaire n'a été signé par les pays partenaires ; ce groupement repose, pour l'essentiel, sur la participation des cinq pays de la région à la gestion de leur banque centrale commune et sur l'adoption de législations nationales similaires dans les domaines monétaire et financier.

L'intégration monétaire des pays membres de la zone franc se fonde sur deux types d'accords complémentaires : un accord régional conclu entre les seuls pays ouest-africains, et des accords de portée plus vaste signés avec la France ; dès 1962, les pays d'Afrique de l'Ouest ont choisi de particulariser et de donner une assise institutionnelle à leur intégration monétaire régionale alors que celle-ci restait tacite en Afrique équatoriale (31) : « *Le traité portant création de l'UMOA et l'accord de coopération [avec la France] représentent deux documents séparés : le traité, qui prévoit la création d'une union monétaire et d'une banque centrale commune, resterait en vigueur même si l'accord de coopération venait à être abrogé* » (FMI, 1970, p. 71). Au-delà des appellations officielles relativement formelles, les groupements monétaires d'Afrique équatoriale et d'Afrique de l'Ouest ne satisfont pas totalement aux caractéristiques des unions monétaires retenues pour désigner de tels ensembles et qui supposent, en particulier, que les pays membres partagent « *la responsabilité de la gestion de la monnaie commune* » (J.V. Mladek, 1966, p. 102) : dans la pratique, l'emprise de la France sur le franc CFA a été trop forte depuis 1948 pour qu'une autonomie monétaire régionale puisse être reconnue aux pays d'Afrique équatoriale ou d'Afrique de l'Ouest membres de la zone franc. Une réforme du système monétaire de la zone franc pourrait permettre une redistribution de certains pouvoirs au sein de celle-ci, notamment au profit des comités monétaires nationaux et surtout, des groupements monétaires régionaux (voir H. Gérardin, 1986-1, p.510).

*

* *

Malgré les réformes monétaires réalisées entre 1959 et 1962, la politique monétaire des pays africains de la zone franc demeure définie sous l'étroite tutelle de la France, les rapports de domination monétaire préexistants n'ayant pas changé fondamentalement avec l'autonomie politique obtenue en 1960 : « *La rédaction des statuts [des Banques centrales] reflétait la rigidité de certaines règles erronées pour défendre les réserves* » (J. Alibert, 1974-2, p. 2).

Les privilèges et les prérogatives monétaires conservés par la France en Afrique de l'Ouest, en Afrique équatoriale et à Madagascar après 1962 ont contribué à maintenir, parfois à renforcer, une domination multiforme, particulièrement perceptible au plan des échanges commerciaux, des mouvements de capitaux et des investissements. Dès lors, il convient de relativiser le contenu et la signification profonde de la coopération promue après les indépendances, tant la définition et la mise en œuvre de nouvelles relations entre la France et les pays africains ont été fortement influencées par les options politiques, économiques et stratégiques de l'ancienne métropole.

L'organisation et le fonctionnement de la BCEAO et de

la BCEAEC reflètent, cependant, la volonté de 12 pays africains francophones d'assumer collectivement la gestion de leur institut d'émission dans un cadre régional. La forte intégration monétaire maintenue entre les pays doit être rapprochée des efforts qu'ils ont entrepris, et des difficultés qu'ils ont rencontrées depuis 1959, afin de renforcer l'intégration de leurs économies dans des unions douanières et économiques régionales (H. Gérardin 1986-1, p. 704 et 1982) : pour ces pays, l'adhésion à une organisation monétaire commune doit favoriser, à terme, le processus d'intégration économique engagé par la France, dans le but de favoriser la colonisation, puis poursuivi, après les indépendances, sur des bases rénovées.

A la suite des aménagements effectués dans la zone franc entre 1959 et 1962, de nouvelles propositions ont été formulées afin de réduire les effets de certaines contraintes monétaires : pour J. Weiller, dès 1963, « *deux problèmes essentiels doivent retenir l'attention :*
1° celui d'une nouvelle orientation des crédits à l'économie allant dans le sens d'une organisation de caractère à la fois national et interrégional en vue de hâter le développement d'autres secteurs que les seuls secteurs d'exportation ;
2° celui du maintien ou de la limitation des facilités de transfert caractéristiques de la zone monétaire traditionnelle, en liaison avec l'extension éventuelle de certains contrôles au niveau de la nation ou de l'Union monétaire ouest-africaine » (J. Weiller, 1963, p. 215).

En demandant, puis en négociant en 1971-1972, une réorganisation du système monétaire de la zone franc, les pays africains ont cherché à accroître leur emprise sur leur outil monétaire et, simultanément, à en faire un instrument mieux adapté à la promotion de leur développement.

NOTES

(1) La plupart des pays membres de la zone franc ont obtenu leur indépendance en 1960 : Cameroun (1er janvier) ; Togo (27 avril) ; Mali (Fédération du Sénégal et du Soudan, 20 juin) ; Madagascar (26 juin) ; Bénin (1er août) ; Niger (3 août) ; Burkina (5 août) ; Côte-d'Ivoire (7 août) ; Tchad (11 août) ; RCA (13 août) ; Congo (15 août) ; Gabon (17 août) ; Mauritanie (28 novembre).

Après référendum, une partie du Cameroun occidental anglophone fut rattachée au Cameroun oriental francophone, le 1er mars 1963, pour former la République fédérale — puis, en 1972, la République unie — du Cameroun ; l'autre partie du Cameroun occidental rejoignit, en 1963, la Fédération du Nigéria.

(2) La distinction entre les termes « association » et « coopération » traduit une différence de conception au plan politique : « *L'association impliquait un lien institutionnel des organismes centraux possédant des pouvoirs propres. La coopération n'implique que des accords passés sur un pied d'égalité, multilatéraux ou bilatéraux. Il y a une différence profonde de structure* » (J.B. DUROSELLE, in J.B. DUROSELLE et J. MEYRIAT, 1964, p. 196.)

(3) « *Défense, coopération économique, monétaire et financière, assistance militaire technique, coopération culturelle et judiciaire, coopération en matière de postes, d'aviation civile, de marine marchande, de personnel* » (B. FESSARD de FOUCAULT, 1973, p. 539). Certaines dispositions de ces accords sont demeurées secrètes, en particulier celles concernant les accords militaires ; diverses pratiques financières, telles que les aides budgétaires, ont été réalisées avec une extrême discrétion.

(4) Accords de coopération signés avec la France :
— Madagascar (27 juin 1960)
— RCA, Congo, et Tchad (15 août 1960)
— Gabon (17 août 1960)
— Cameroun (13 novembre 1960)
— Fédération du Mali (22 juin 1960)
— Bénin, Burkina, Côte-d'Ivoire, Niger, (24 avril 1961)
— Mauritanie (19 juin 1961)
— Togo (10 juillet 1963).

(5) L'aide peut être accordée en nature (dont l'aide alimentaire), en espèces (dons et prêts) ou sous forme d'assistance technique (coopérants) ; les modalités de son attribution font l'objet de conventions bilatérales entre la France et chaque pays concerné.

(6) Dont le cartiérisme — qui se résume dans la formule lapidaire « La Corrèze avant le Zambèze » — a constitué un des aspects les plus révélateurs ; voir, à ce sujet : S. URFER, 1971 ; R. BURON-R. CARTIER, 1971 ; R. CARTIER, 1964.

(7) Cet article indique, toutefois, que « *pour protéger son industrie naissante, le Cameroun pourra établir des droits de douane sur les marchandises originaires et en provenance de France, sous réserve des obligations qui pourraient s'appliquer à son égard par suite de l'article 133 du Traité de Rome* ».

Après les indépendances, la France a cherché à prolonger son contrôle sur le commerce extérieur de ces pays : « *L'ancienne métropole est conduite à s'efforcer d'exercer un certain contrôle sur les plans d'importation ou sur les accords commerciaux signés par les pays nouvellement indépendants. Ce contrôle constitue un élément très important des liens économico-financiers qui survivent à la période coloniale* » (P. MOUSSA, in J.B. DUROSELLE et J. MEYRIAT, 1964, pp. 152-153).

(8) En Afrique équatoriale, les accords bilatéraux reconnaissaient expressément à chaque pays « *le droit de créer une monnaie nationale et un institut d'émission qui lui soit propre* » (Accord de coopération en matière économique, monétaire et financière entre la République française et la République du Cameroun, art. 25).

(9) Références des textes officiels : BCEAO, 1962 et BCEAEC, 1966.

(10) — La BCEAEC dispose du privilège d'émission dans cinq pays : Cameroun, Congo, Gabon, RCA et Tchad.

— La BCEAO dispose, depuis le 12 mai 1962, d'un privilège identique au Bénin, au Burkina, en Côte-d'Ivoire, en Mauritanie, au Niger et au Sénégal.

* Le MALI (ex-Soudan français) participa aux négociations qui aboutirent à la conclusion du traité créant l'UMOA et à la réforme des statuts de la BCEAO, signa ces textes, mais ne les ratifia pas ; pour des mobiles essentiellement politiques, il se sépara de l'UMOA le 30 juin 1962 et créa sa propre banque centrale — la Banque de la République du Mali — et sa monnaie : le franc malien (= 1 FCFA) ; il choisit de quitter la zone franc ... puis signa de nouveaux accords de coopération monétaire avec la France, le 15 février 1967 (voir infra, p. 156).

* Le TOGO ne participa pas à la création de l'UMOA : une loi du 12 décembre 1962 créa une Banque centrale du Togo et un franc togolais. Le changement de régime politique intervenu le 13 janvier 1963 provoqua l'adhésion de ce pays à l'UMOA et à la BCEAO, le 27 novembre 1963.

* Par sa réponse négative au référendum du 28 septembre 1958, la GUINÉE refusa de faire partie de la Communauté franco-africaine et obtint son indépendance ; la BCEAO conserva ses attributions d'Institut d'émission dans ce pays jusqu'au 1er mars 1960, les autorités guinéennes ayant créé, à cette date, une Banque centrale nationale — la Banque de la République de Guinée — et une monnaie nationale : le franc guinéen (= 1 FCFA). Voir S.S. CAMARA, 1976, pp. 157-183. La Guinée souhaite, depuis quelques années, rentrer dans la zone franc ; elle s'en est rapprochée, le 5 janvier 1986, en adoptant une nouvelle monnaie, le franc guinéen, dont le taux de change est voisin de celui du franc CFA (après une dévaluation de 93 % de l'ancienne monnaie nationale, le syli). Voir J.P. BARBIER, 1987 ; *Le Monde*, 7 janvier 1986 et J.C. POMONTI, *Le Monde*, 24 octobre 1984.

* Après avoir annoncé qu'elle se retirait de la zone franc et de l'UMOA le 28 novembre 1972, la MAURITANIE fonda, le 30 mai 1973, sa propre Banque centrale — la Banque centrale de Mauritanie — qui mit en circulation l'ouguiya (= 5 FCFA).

(11) FCFA : Franc de la Communauté Financière Africaine. 1 FCFA = 2 FF 1959, puis, 0,02 FF, après l'alourdissement du franc français du 1er janvier 1960. Des pièces et des billets différents circulent en Afrique occidentale et en Afrique équatoriale ; dans les deux zones d'émission, les billets émis pour le compte de chaque pays ne sont distingués que par les services statistiques des banques centrales : « *Seul le Comité du Cameroun a, dès 1960, décidé d'adopter des signes monétaires spéciaux pour cet État, lesquels restent évidemment librement convertibles en signes monétaires communs émis pour les quatres autres États*

et peuvent même circuler dans ces autres États » (M. LEDUC, 1965, pp. 126-127).

(12) Les soldes des principaux mouvements de capitaux internes à la zone franc ont figuré jusqu'en 1966 dans les rapports annuels du Secrétariat du Comité monétaire de la zone franc. Voir à ce propos : R. DEBONO, 1967 ; Secrétariat d'État aux Affaires étrangères, chargé de la Coopération : « Travaux du groupe d'étude sur les effets de l'aide », 1966 ; Rapport JEANNENEY, 1963, tome 2, annexe 11 ; P. MOUSSA, 1957.

(13) Cet « avantage exceptionnel » a toutefois perdu de son attrait dans la mesure où de nombreux pays en développement, appartenant ou non à une zone monétaire, ont promulgué des codes d'investissements aux dispositions relativement libérales. Ces codes, souvent très proches les uns des autres dans leur contenu, autorisent, pour la plupart, le rapatriement d'une fraction des bénéfices réalisés par les entreprises étrangères et des revenus obtenus par le personnel expatrié ; simultanément, ils accordent des privilèges fiscaux aux investisseurs étrangers ; outre ces incitations financières, d'autres avantages, d'ordre économique (le faible coût de la main-d'ouvre), stratégique (la rareté de certaines matières premières), plaident en faveur de l'un ou l'autre pays en développement ; voir G. LEUWATT, 1987 et R. GENDARME, 1973, pp. 791-794.

Des mesures du même ordre que celles figurant dans les codes d'investissements sont inscrites dans les chartes organisant les zones franches. Voir, par exemple, « la zone franche industrielle de Dakar », *Le Monde*, 3-4 mars 1974.

L'ouverture progressive des pays socialistes d'Europe de l'Est aux capitaux et à la technologie des firmes multinationales montre, également, que l'inconvertibilité d'une monnaie nationale ne constitue pas un facteur dirimant à la réalisation d'investissements étrangers ; la signature d'accords de coopération s'est traduite par la création de co-entreprises (joint-ventures) dont la production à faibles coûts est répartie, dans de nombreux cas, entre les partenaires : « *Le gouvernement de la société occidentale fournit généralement les crédits, dans une devise forte et à un taux d'intérêt réduit, pour financer l'usine et le transport du matériel, les machines, l'outillage, la formation des ouvriers, soit à lui seul, soit avec des banques privées, sous forme de prêts à l'associé ; les produits sont partagés entre les associés.*

Une partie de la production est allouée au partenaire oriental pour son marché national ou pour l'exportation. Une partie importante est normalement affectée à l'exportation, source continuelle de devises fortes. C'est sur ces exportations que sont remboursés aux banques occidentales les prêts qu'elles ont consentis pour le lancement dudit projet ». La firme multinationale qui par son savoir-faire a amélioré la qualité des produits « *dispose de sa part de production, soit sur les marchés de l'Est, soit sur un marché national, soit pour l'exportation vers d'autres pays occidentaux* » ; la part vendue sur les marchés occidentaux « *permet de récupérer les recettes en devises fortes provenant des investissements. C'est de cette façon qu'est adroitement tourné l'obstacle de la convertibilité monétaire* » (G. LEVINSON, 1977, pp. 54-55).

Sur les développements du commerce de troc, voir J.M. Errera, 1988 ; M. Sailhan et A. Lorne, 1983 et E. Launay, 1979.

(14) Parmi les mobiles touchant à la sécurité figurent la crainte de changements politiques pouvant remettre en cause les privilèges de quelques classes sociales ou catégories de la population, et la volonté délibérée de certains agents économiques de soustraire des revenus, légaux ou illicites, à tout contrôle fiscal et à leur imposition éventuelle ; voir J. Ziegler, 1976.

(15) Depuis quelques années, ce motif a perdu de son attrait : les taux d'intérêt rémunérant l'épargne ayant été majorés en Afrique francophone, l'écart entre ceux-ci et les taux pratiqués sur les places financières internationales s'est réduit.

(16) Par exemple, l'évolution des cours et des marchés des produits de base, la signature d'accords internationaux réglementant les échanges commerciaux, les retournements de la conjoncture en France ou dans les principaux pays industrialisés partenaires.

(17) Des comptes d'opérations ont été également ouverts à l'Institut d'émission des DOM (7 janvier 1959), à l'Institut d'émission d'outre-mer (1er mars 1967), à la Banque centrale du Mali (1er juillet 1968 — 1er juin 1984) et à l'Institut d'émission des Comores (1er janvier 1975). Madagascar ne dispose plus d'un tel compte depuis le 9 juillet 1973.

(18) Supra p. 86, note (16). Le Trésor français joue vis-à-vis des banques centrales africaines de la zone franc un rôle comparable à celui joué par une banque commerciale à l'égard de ses clients : la banque rémunère certains dépôts mais taxe, selon leur ampleur, les découverts éventuels, à un taux souvent progressif.

Une situation mensuelle de l'émission monétaire et de ses contreparties est établie par pays afin de répartir les bénéfices réalisés par les Banques centrales et spécialement les intérêts perçus sur les dépôts effectués auprès du Trésor français ; en Afrique de l'Ouest, si la position extérieure d'un État a été négative, « *des bénéfices versés à un État sera éventuellement déduit un montant équivalent à celui du produit du solde débiteur moyen de la section du compte des disponibilités extérieures retraçant les opérations de l'État intéressé par le taux moyen de l'intérêt applicable aux disponibilités ou emprunts de la Banque placés à l'extérieur* » (BCEAO, 1962-2, art. 67).

(19) Il s'agit, essentiellement, des bons émis par la Banque mondiale et par la BRI ; en outre, lors de l'adhésion des pays africains au FMI, les Banques centrales ont prélevé sur leurs disponibilités extérieures les sommes nécessaires au règlement de la part en or du quota de chaque pays.

(20) « *En proportion des besoins prévisibles, elle pourra limiter cet appel aux organismes publics et banques et y procéder en priorité dans les États dont les transactions extérieures affectant le compte d'opérations présentent un solde déficitaire* » (BCEAO, 1962-4, art. 4).

(21) La France dispose, dans ce cas, d'une minorité de blocage au conseil d'administration de la BCEAO.

(22) Sur le fonctionnement des comptes d'opérations, leur évolution et

la portée de ce mécanisme essentiel dans l'organisation du système monétaire de la zone franc, voir H. GÉRARDIN, 1986-1, pp. 427-432.

(23) Ce second type de crédit a pris une importance nouvelle depuis quelques années : dans les pays africains de la zone franc, une part croissante de l'épargne nationale est utilisée pour la construction immobilière, une activité souvent spéculative et très rémunératrice.

(24) Depuis le 12 mai 1962, des découverts en compte courant pouvaient être consentis aux Trésors des États de l'UMOA ; ils ont été autorisés le 1er mai 1966 en Afrique équatoriale. Dans les deux zones d'émission, les conditions rigoureuses mises initialement à l'obtention de ces crédits ont évolué dans le temps et fréquemment, les dispositions de la BCEAEC ont été alignées sur celles, plus libérales, de la BCEAO. Voir BCEAO, 1962-2, art. 15 et Décision du conseil d'administration de la BCEAEC du 16 mars 1966 relative aux avances de la Banque centrale aux Trésors des États, FMI, 1968, p. 20 ; BCEAEC, Rapport d'activité, exercice 1972-1973, p. 20.

(25) Initialement ce rapport avait été fixé à 10 % ; il fut porté à 15 % en 1968 en Afrique de l'Ouest et en 1970 en Afrique équatoriale.

(26) Pour certains auteurs, les avances aux Trésors doivent être octroyées exclusivement afin de pallier des déficits ponctuels des Trésoreries publiques ; voir C. PANOUILLOT, 1963, p. 19. Le débat a porté sur le rôle que devaient, ou non, jouer les Banques centrales de la zone franc dans le financement du développement, par le biais, notamment, d'une participation accrue au financement des États et des économies nationales à moyen terme. Les réformes des statuts des Banques centrales qui interviendront en 1972-1973 donneront — partiellement — satisfaction aux demandes des pays africains dans ce domaine (voir infra, p. 148).

(27) De telles participations furent prises dès l'indépendance des pays africains, lors de la constitution de banques nationales de développement en Afrique équatoriale et en Afrique de l'Ouest.

(28) « *Il dirige les travaux des services centraux, nomme et révoque le personnel ; il peut déléguer tout ou partie de ses attributions au directeur général* » (BCEAEC, 1966, art. 33).

(29) La plupart des décisions courantes du conseil sont arrêtées à la majorité simple ; dans le domaine de la distribution du crédit, la majorité requise est des deux tiers ; afin de « *modifier les mesures de sauvegarde prises en vue de rétablir la position du compte d'opérations, la majorité est des trois quarts* » ; les statuts de la BCEAO ne peuvent être amendés qu'à l'unanimité (BCEAO, 1962-2 et F. FROMENT, 1963, p. 6).

(30) A l'exception du comité camerounais composé de 5 administrateurs camerounais et de 3 administrateurs français.

(31) Certains auteurs ne font aucune distinction entre l'UMOA et le groupement monétaire d'Afrique équatoriale qui est qualifié d'« *Union monétaire des États de l'Afrique équatoriale et du Cameroun (UMEAEC)* ». Voir, par exemple, B. VINAY, 1969, p. 146.

CHAPITRE II

LES LIMITES DE L'AUTONOMIE MONÉTAIRE DANS LA ZONE FRANC [1973-1989]

Entre 1970 et 1972, alors que la crise du système monétaire international s'aggravait, à la suite, notamment, de la suspension de la convertibilité-or du dollar, puis de sa dévaluation, la France et ses partenaires africains ont engagé diverses négociations : les pays africains souhaitaient modifier le fonctionnement de la zone franc ; à la même époque, plusieurs pays ont demandé une révision des accords de coopération bilatéraux signés avec la France, dont plusieurs dispositions étaient devenues caduques. Les partenaires de la France voulaient réformer les statuts de leurs Instituts d'émission afin, principalement, d'obtenir une redistribution des pouvoirs monétaires au sein de la zone franc et d'accroître les possibilités d'intervention de leurs Banques centrales ; leurs propositions étaient précises et concernaient tant les changements à apporter à leurs structures monétaires — communes et nationales — que les modalités d'application de leur politique monétaire (1).

Les rapports de domination préexistants n'ayant pas été profondément bouleversés après les indépendances, les pays africains ont inscrit leurs propositions de réforme monétaire dans le cadre plus vaste de la dynamique de leur développement ; en réaménageant leur système monétaire, les partenaires de la France souhaitaient également réduire certaines contraintes externes résultant d'une tutelle française multiforme : « *Nous voulons que la zone monétaire de l'ouest-africain devienne une zone de solidarité pour le développement et ne reste pas uniquement une zone de solidarité monétaire. Les modifications envisagées vont non seulement dans le sens d'une africanisation du personnel et du siège de la Banque, mais aussi d'une grande africanisation de l'économie en Afrique* » (D. Hamani, Le Monde, 1er août 1973).

De nouveaux accords de coopération monétaire furent conclus entre la France et les pays d'Afrique équatoriale, d'une part, entre la France et les pays d'Afrique de l'Ouest, d'autre part ; en Afrique équatoriale (2), la BCEAEC fut remplacée par la Banque des États de l'Afrique centrale [BEAC], en novembre 1972, et en Afrique de l'Ouest, les statuts de la BCEAO furent réaménagés en novembre 1973 ; cette même année, les accords monétaires conclus avec le Mali en 1967 furent reconduits, ses anciens partenaires ouest-africains refusant sa réintégration dans l'UMOA jusqu'en 1984. Durant ces années charnières, la France engagea des négociations séparées avec la Mauritanie et Madagascar ; elles se soldèrent, au plan monétaire, par deux ruptures, les autorités françaises jugeant incompatibles les demandes formulées par ces pays et leur maintien dans la zone franc : à quelques mois d'intervalle, la Mauritanie puis Madagascar prirent des dispositions spécifiques dans le domaine des changes et se retirèrent de la zone franc. Enfin, en 1975, après leur indépendance, les Comores ont opté pour leur maintien dans la zone franc ; les statuts initiaux de leur Banque centrale sont proches de ceux de l'Institut d'émission franco-malien (sur l'évolution des situations nationales par rapport à la zone franc, voir le schéma 1, supra, p. 46).

SECTION I — LES FONDEMENTS INSTITUTIONNELS

A. Les nouveaux accords de coopération monétaire

1. Les accords multilatéraux

a) *En Afrique centrale,* en 1972, la nouvelle coopération monétaire fut conçue — comme en Afrique de l'Ouest en 1962 — dans le cadre d'accords monétaires multilatéraux : deux conventions de coopération monétaire distinctes furent signées à Brazzaville, la première, le 22 novembre 1972, entre les 5 pays membres de la BEAC, la seconde, le 23 novembre 1972, entre ces 5 pays et la France (BEAC, 1976-1 et -2). Aucune référence explicite à une union monétaire régionale ne figure dans les accords signés par les pays d'Afrique centrale, bien que le groupement monétaire régional auquel participent ces pays ait des caractéristiques proches de celles de l'UMOA et qu'en 1972 il se fût doté d'organes supra-nationaux (3).

b) *En Afrique de l'Ouest,* le 14 novembre 1973, un nouveau traité d'union monétaire fut conclu entre les pays membres de l'UMOA, et les statuts de la BCEAO furent modifiés, puis, le 4 décembre 1973, la France signa un nouvel accord de coopération monétaire avec les 6 pays membres de l'UMOA (BCEAO, 1973-1,-2 et -3).

Malgré les réformes effectuées en Afrique de l'Ouest et en Afrique centrale et l'intégration monétaire qui existe entre les pays de chaque région, les deux groupements monétaires internes à la zone franc ne possèdent pas plus en 1973 qu'en 1962 tous les attributs d'une union monétaire ; la valeur de la monnaie circulant dans chaque zone d'émission continue, en particulier, d'évoluer en fonction de la tenue du franc français sur les marchés des changes ; cette dépendance est apparue plus nettement, et quotidiennement, depuis la généralisation du système des taux de change flottants, en mars 1973, et son institutionnalisation en janvier 1976, à la suite des accords de la Jamaïque.

2. Les accords bilatéraux

A partir de mars 1972, la plupart des pays africains

membres de la zone franc demandèrent une révision des accords de coopération bilatéraux conclus avec la France afin d'adapter les textes aux changements politiques et économiques intervenus depuis les indépendances. Au cours d'un voyage au Togo, en novembre 1972, le président de la République française convint lui-même de l'inadaptation de nombreuses dispositions contenues dans ces accords : « *Notre coopération reposait sur des accords anciens. Ces accords sont très souvent dépassés dans la pratique, on peut même dire que dans presque tous les domaines, l'évolution a été telle que la pratique ne correspondait plus du tout à la lettre* » (Coopération et Développement, 1973, p. 2).

Le gouvernement français s'efforça d'obtenir la conclusion d'accords multilatéraux sur les réaménagements à apporter aux statuts des Instituts d'émission communs et à certains mécanismes monétaires assurant le fonctionnement de la zone franc ; après des négociations séparées avec chaque pays demandeur, il signa ensuite de nouveaux accords de coopération avec les pays africains (A. Bourgi, 1979) ; à l'exception des accords signés avec la Mauritanie et Madagascar qui consacrèrent une rupture monétaire avec la France, les volets monétaires et financiers des nouveaux accords bilatéraux confirmèrent, au plan des principes, les options monétaires et financières antérieures.

En 1972-1973, la prééminence des accords monétaires conclus collectivement par les pays d'Afrique centrale et d'Afrique de l'Ouest, entre eux ou avec la France, s'est affirmée par rapport aux accords de coopération bilatéraux : au sein de la zone franc, la logique suivie lors des indépendances a été inversée et l'intégration monétaire régionale a été confortée au plan institutionnel.

B. Le cadre institutionnel

1. Le capital des Banques centrales

Le capital de la BEAC, fixé à 1,25 milliards de FCFA en mars 1973, a été porté à 24 milliards de FCFA en janvier 1985, par incorporations successives de réserves et après la contribution apportée par la Guinée équatoriale, lors de son adhésion, puis à 36 milliards de FCFA en novembre 1987.

En Afrique de l'Ouest, seul le poste « capital et réserves » apparaît dans les statistiques monétaires publiées par la BCEAO depuis la réforme de 1973 ; ce poste s'est élevé de 3,6 milliards de FCFA en décembre 1973 à 223,5 milliards FCFA en décembre 1988 (4).

Le gonflement rapide du poste « capital et réserves » observé tant en Afrique de l'Ouest qu'en Afrique centrale (5) s'explique, en partie, par l'importance des charges financières liées au transfert des sièges et aux programmes immobiliers des deux Banques en Afrique.

2. L'africanisation des sièges

Les nouveaux accords de coopération monétaire ont prévu le transfert des sièges des Banques centrales de France — où ils étaient, paradoxalement, demeurés depuis l'époque coloniale — en Afrique. Les services centraux de la BEAC ont été installés à Yaoundé, au Cameroun, le 1er juillet 1977, les agences établies dans chaque capitale conservant leurs prérogatives de sièges sociaux. En Afrique de l'Ouest, le siège de la BCEAO a été inauguré à Dakar, au Sénégal, le 26 mai 1979, et chaque pays dispose d'une agence unique sur son territoire.

3. Le statut des deux Banques est celui d'établissement public... international, pour la BCEAO, ... multinational africain, pour la BEAC.

SECTION II — LA FIXITÉ DES PARITÉS : « LA ZONE FRANC À LA REMORQUE »

Le franc CFA (6) reste lié au franc français par une parité fixe ; celle-ci est inchangée depuis 1948 : 1 FCFA = 0,02 FF. Tout changement de parité entre le franc CFA et le franc français relève, en Afrique de l'Ouest, de l'autorité du conseil des ministres de l'UMOA auquel il appartient « *de modifier la définition de cette unité monétaire, sous réserve de respecter les engagements internationaux contractés par les États membres de l'Union* » (7). En Afrique centrale, cette parité « *est susceptible d'être modifiée après concertation entre les États membres [de la BEAC] et la France, compte tenu des seules exigences de la situation économique et financière des États membres* » (BEAC, 1976-1).

Toute modification de la parité officielle du franc français relève des autorités monétaires françaises qui sont cependant tenues « *dans la mesure du possible* », de consulter préalablement les autres membres de la zone et de les informer des décisions prises (8). Le 19 janvier 1974, les autorités françaises ont ainsi choisi — sans avoir consulté, semble-t-il, leurs partenaires de la zone franc (*Le Monde*, 23 janvier 1974) — de suspendre pour 6 mois l'obligation faite à la Banque de France d'intervenir sur les marchés des changes, afin de maintenir le franc français au sein du serpent monétaire européen, dans le cadre du flottement concerté des monnaies européennes ; la monnaie française — et, à sa suite, ses sous-multiples — flotta d'une manière autonome jusqu'à sa réintégration dans le serpent européen, le 10 juillet 1975 ; les monnaies de la zone franc flottèrent à nouveau du 15 mars 1976, date de la seconde sortie du franc du serpent, jusqu'au 13 mars 1979, lorsque fut mis en place le Système monétaire européen [SME] dans le but de constituer une « *zone monétaire de stabilité* » en Europe (Banque de France, 1979, p. 30). A l'occasion des dévaluations du franc intervenues depuis 1981 au sein du SME, le ministère français de l'Economie et des Finances a « *prévenu* » les gouverneurs des Banques centrales de la zone franc des négociations en cours ; en l'absence d'une concertation préalable entre partenaires de la zone franc, ceux-ci ont fait preuve d'une officielle « *compréhension* » reflétant les relations de domination qui existent dans la zone franc et qui ont été résumées par la formule : « *La zone franc à la remorque* » (*Le Monde*, 23 Juin 1982) ; considérées par les autorités françaises comme « *une conséquence de la "solidarité" qui prévaut entre les membres d'une même zone monétaire* » *(ibidem)*, les dévaluations du franc français sont subies par les pays africains et exercent des effets très variables sur leurs économies (voir H. Gérardin, 1986-1, pp. 432-448).

L'adhésion de la plupart des pays au système des taux de change flottants depuis le début des années 1970 a provoqué des réajustements quotidiens de la valeur des monnaies sur les marchés des changes : les dévaluations et réévaluations ont été en quelque sorte banalisées ; leur importance relative et leurs effets destabilisants pour les économies nationales se sont, néanmoins, subrepticement accentués dans le temps (9). Bien que les monnaies de la zone franc soient liées par une parité fixe au franc français et profitent, par ce biais, de la relative stabilité des taux de change dans la CEE, les balances des paiements des membres africains de la zone franc sont plus affectées, depuis quelques années, par l'évolution du franc français par rapport au dollar et aux autres monnaies fortes que par les réajustements ponctuels de parité pratiqués au sein du SME (10) (tableaux VI et VII, pp. 128-129).

SECTION III — LA LIBERTÉ DES TRANSFERTS ET LE CONTRÔLE DES CHANGES

Les réformes réalisées en 1972-1973 dans la zone franc n'ont pas modifié l'organisation du système de change préexistant : dans ce domaine, les principes constitutifs d'une zone économique très intégrée au plan monétaire ont été reconduits, pour l'essentiel, dans les nouveaux accords de coopération :

— la libre transférabilité des capitaux entre tous les pays membres de la zone franc a été réaffirmée ;

— ces pays s'efforcent d'uniformiser leur réglementation des changes vis-à-vis des pays n'appartenant pas à la zone franc, avec cependant, désormais, la possibilité de prendre des mesures particulières si certains intérêts nationaux sont (ou risquent d'être) compromis : « *La réglementation uniforme des relations financières extérieures des États de l'UMOA sera maintenue en harmonie avec celle de la République française. Si les besoins ou les circonstances faisaient apparaître à l'un des gouvernements signataires du présent accord la nécessité de déroger à l'harmonisation convenue, il en aviserait, avant toute mesure d'application, les autres gouvernements signataires en vue d'une décision concertée* » (BCEAO, 1973-3 ; voir égale-

TABLEAU VI - BALANCES DES PAIEMENTS - PAYS OUEST-AFRICAINS MEMBRES DE LA ZONE FRANC
EVOLUTION DES SOLDES [1970-1987]

milliards FCFA

PAYS		OPERATIONS COURANTES				MOUVEMENTS DE CAPITAUX NON MONETAIRES	ERREURS ET OMISSIONS NETTES	SOLDE GLOBAL
		BIENS ET SERVICES		TRANSFERTS UNILATERAUX	SOLDE			
		SOLDE	Dont Marchandises					
- BENIN	1970	-6,4	-4,2	6,0	-0,4	2,5	-0,2	1,9
	1975	-25,8	-25,5	14,4	-11,4	8,7	4,9	2,2
	1980	-39,4	-43,0	31,9	-7,5	-11,8	-2,6	-21,9
	(1)1985	-46,5	-18,7	41,0	-5,5	4,4	-5,2	-6,3
	(2)1987	-63,6	-49,7	39,6	-24,0	-1,7	1,2	-24,5
- BURKINA	1970	-10,8	-8,3	13,1	2,3	1,2	-0,5	3,0
	1975	-39,9	-24,4	30,9	-9,0	6,8	0,6	-1,6
	1980	-78,4	-43,9	68,1	-10,3	15,1	-1,7	3,1
	(1)1985	-138,6	-86,1	105,3	-33,3	31,7	(3)	-1,6
	(2)1987	-136,5	-80,5	121,0	-15,5	23,0	(3)	7,5
- COTE D'IVOIRE	1970	-5,0	34,0	-5,5	-10,5	20,5	-0,6	9,4
	1975	-51,9	48,7	-30,4	-82,3	43,8	3,1	-35,4
	1980	-236,5	84,3	-149,1	-385,6	224,7	-9,7	-170,6
	(1)1985	144,1	607,0	-113,7	30,4	92,1	-9,7	112,8
	(2)1987	-42,6	376,4	-108,0	-150,6	185,1	(3)	34,5
- MALI	1970	-6,0	-3,8	5,4	-0,6	0,3	-1,1	-1,4
	1975	-35,5	-12,5	21,6	-13,9	1,5	-0,4	-12,8
	1980	-53,7	-23,0	30,1	-23,6	20,7	0,6	-2,3
	(1)1985	-135,4	-51,4	75,0	-60,4	49,0	-2,5	-13,9
	(2)1987	-88,4	-21,5	46,1	-42,3	44,6	(3)	2,3
- NIGER	1970	-8,3	-6,2	8,3	0,0	6,0	-3,8	2,2
	1975	-15,5	-2,0	13,7	-1,8	7,3	-5,2	0,3
	1980	-80,9	-21,4	19,8	-61,1	51,2	-5,1	-15,0
	(2)1985	-84,1	-46,3	58,4	-25,7	28,4	4,4	7,1
	(2)1987	-61,4	-21,6	35,3	-26,1	28,1	(3)	2,0
- SENEGAL	1970	-15,7	-18,8	11,2	-4,5	7,1	3,9	6,5
	1975	-36,3	-23,3	17,9	-18,4	17,9	-1,6	-2,1
	1980	-107,0	-95,8	25,3	-81,7	66,6	-6,3	-21,4
	(1)1985	-210,5	-138,9	67,6	-142,9	114,0	-9,0	-37,9
	(2)1987	-168,4	-97,8	73,0	-95,4	122,0	(3)	26,6
- TOGO	1970	-3,5	-1,8	4,3	0,8	-0,2	-0,5	0,1
	1975	-25 1	-15,1	8,8	-16,3	7,7	-1,2	-9,8
	1980	-38,3	-10,2	18,2	-20,1	14,5	-0,0	-5,6
	1985	-36,3	-3,4	31,5	-4,8	9,6	(3)	4,8
	(2)1987	-42,6	-11,9	22,3	-20,3	27,6	(3)	7,3

(1) Données provisoires
(2) Estimations
(3) Erreurs et omissions nettes non déterminées

SOURCES : C.M. zone franc, 1970 à 1987 ; BCEAO, NIS et Rapports d'activité.

TABLEAU VII - BALANCES DES PAIEMENTS - PAYS MEMBRES DE LA BEAC ET COMORES - EVOLUTION DES SOLDES [1970-1987]

milliards FCFA ou comoriens

PAYS		OPERATIONS COURANTES				MOUVEMENTS DE CAPITAUX NON MONETAIRES	ERREURS ET OMISSIONS NETTES	SOLDE GLOBAL
		BIENS ET SERVICES SOLDE	BIENS ET SERVICES Dont Marchandises	TRANSFERTS UNILATERAUX	SOLDE			
- CAMEROUN	1970	-13,8	5,5	5,5	-8,3	9,1	9,0	9,8
	1975	-39,2	-15,2	5,8	-33,4	13,8	-0,6	-20,2
	1980	-96,1	7,9	1,9	-94,2	111,8	-0,4	17,2
	1985	-243,9	220,3	-8,3	-252,2	229,7	49,9	27,4
	(1) 1986	-40,3	241,2	-32,1	-72,4	155,1	-111,4	-28,7
- CENTRAFRIQUE	1970	-5,7	2,7	2,5	-3,2	1,1	1,9	-0,2
	1975	-17,7	-4,5	9,6	-8,1	6,1	0,9	-1,1
	1980	-22,3	-9,2	17,6	-4,7	11,4	-4,5	2,2
	1985	-47,3	-16,5	25,5	-21,9	15,6	-2,8	-9,0
	1986	-52,0	-21,3	29,3	-22,7	22,9	0,6	0,8
- CONGO	1971	-15,4	-5,8	1,2	-14,2	16,5	-2,1	-0,2
	1975	-51,9	-5,8	2,1	-49,8	40,7	4,0	-5,1
	1980	-35,0	77,2	-0,2	-35,2	37,4	8,9	11,1
	1985	-73,8	231,2	1,4	-72,4	17,5	19,2	-35,7
	1986	-214,5	55,5	6,5	-208,0	53,6	17,2	-137,2
- GABON	1970	-1,9	20,6	1,8	-0,1	0,1	-0,8	-0,8
	1975	-22,2	82,4	-0,8	-23,0	33,7	-0,3	10,4
	1980	206,7	389,9	-26,2	180,5	-115,3	-41,8	23,4
	1985	-30,0	492,7	-43,0	-73,0	73,8	-22,9	-22,1
	1986	-280,5	27,5	-48,0	-328,5	297,0	-13,6	-45,1
- GUINEE	1985	-7,0	-3,5	3,9	-3,1	-3,9	-	-7,0
EQUATORIALE	1986	-10,0	-6,8	4,8	-5,2	3,2	1,2	-0,8
- TCHAD	1970	-7,2	-1,8	7,5	0,3	1,1	-0,6	0,8
	1975	-26,1	-13,2	14,9	-11,2	5,8	-0,2	-5,6
	1981	-5,5	0,6	11,0	5,5	-0,1	-	5,4
	1985	-102,4	-46,9	63,2	-39,2	31,3	-2,4	-10,3
	1986	-84,3	-39,3	63,7	-20,6	11,6	1,8	-7,2
-COMORES	1978	-2,3	-0,9	3,3	1,0	0,4	-0,4	1,0
	1980	-4,3	-1,9	2,4	-1,9	4,6	-3,1	-0,4
	1985	-20,5	-4,5	-14,1	-6,4	8,4	0,8	2,8
	(1) 1987	-19,7	-9,8	11,9	-7,8	8,8	1,6	2,6

(1) Chiffres provisoires

SOURCES : C.M. zone franc, 1970 à 1987 et services centraux de la BEAC, E et S, n°147, déc. 1987, pp.331-353.

ment, BEAC, 1976-2, art. 14, J.P. Chaumeton, 1982 et A. Tene-Koyzoa, 1986, pp. 238-250).

A de nombreux égards, la France maintient sous sa tutelle l'emploi du contrôle des changes commun, un instrument qui est un des principaux symboles de l'entité monétaire constituée par la zone franc ; depuis 1960, l'utilisation effective de cet instrument est restée dépendante des intérêts économiques français et de l'évolution sociopolitique de l'ancienne métropole : en relâchant progressivement, ou en renforçant la réglementation des changes de la France, les autorités françaises imposent, dans de nombreux cas, un état de fait à leurs partenaires africains alors que l'activité économique de ces pays n'évolue pas toujours dans le même sens, ni au même rythme, que dans leur ancienne métropole. La responsabilité des pays africains paraît, dans ce domaine, et hormis les cas extrêmes s'étant conclus par des ruptures, se limiter à une application locale des dispositions arrêtées par le gouvernement français.

SECTION IV — LA MISE EN COMMUN DES AVOIRS EXTÉRIEURS ET LES COMPTES D'OPÉRATIONS : DES ASSOUPLISSEMENTS

Le compte d'opérations constitue toujours le mécanisme central de la coopération monétaire promue au sein de la zone franc : « *Cette coopération est fondée sur la garantie illimitée donnée par la France à la monnaie émise par la Banque et sur le dépôt auprès du Trésor français de tout ou partie des réserves de change des États membres* » (BEAC, 1976-2).

Les avoirs extérieurs des pays membres de la BCEAO d'une part, de la BEAC d'autre part, sont mis en commun, comme par le passé — un Fonds commun des réserves de change étant créé à cet effet en Afrique centrale — et de nouvelles conventions de compte d'opérations ont été passées entre ces deux Banques centrales et le Trésor français afin de modifier l'organisation préexistante (BCEAO, 1973-4 ; BEAC, 1976-4).

A. Le mécanisme des opérations de change : une centralisation sur la place de Paris

Toute opération de change effectuée par un pays africain de la zone franc concerne, implicitement, le mécanisme du compte d'opérations ; les principaux effets résultant de ces opérations seront analysés par référence au schéma 4 (p. 132) qui représente le circuit correspondant au règlement d'une exportation réalisée par une entreprise africaine vers un pays n'appartenant pas à la zone franc (11) ; l'étude de ce circuit permettra d'appréhender simultanément d'autres flux : ceux consécutifs aux exportations des pays africains vers la France et ceux liés à leurs importations, également ceux relatifs aux différents mouvements de capitaux affectant le solde de leur balance des paiements.

1. Les opérations de change liées aux exportations

a) *Le circuit* (voir B. Vinay, 1973-2, p. 463 et H. Gérardin, 1973, pp. 73-76)

1. Une entreprise américaine commande auprès d'une entreprise camerounaise des marchandises payables en dollars et dont la valeur s'élève à 1 000 $; l'entreprise exportatrice produit elle-même les marchandises vendues ou s'approvisionne auprès de petits producteurs locaux, cas le plus fréquent pour les produits agricoles ; afin de faciliter la commercialisation de ses produits, l'entreprise camerounaise pourra demander un prêt à sa banque commerciale, la Société générale de banques au Cameroun [SGBC] (12).

Après avoir reçu les marchandises commandées, à l'échéance prévue pour leur règlement, l'entreprise américaine fait débiter son compte par sa banque, la First National City Bank, qui délivre une créance de 1 000 $ à la SGBC ; celle-ci envoie cette créance en dollars en France, à la Société générale, son ancienne maison mère qui détient encore une partie de son capital, conserve des relations financières très étroites avec elle et lui sert de correspondante pour effectuer certaines opérations à l'extérieur ; la SGBC crédite, éventuellement, dès ce moment, le compte de l'exportateur de 400 000 FCFA (taux de change : 1 $ = 8 FF = 400 FCFA).

SCHEMA 4 - LES MECANISMES DE CHANGE AU SEIN DE LA ZONE FRANC : LE CAS D'UNE EXPORTATION CAMEROUNAISE VERS LES ETATS-UNIS

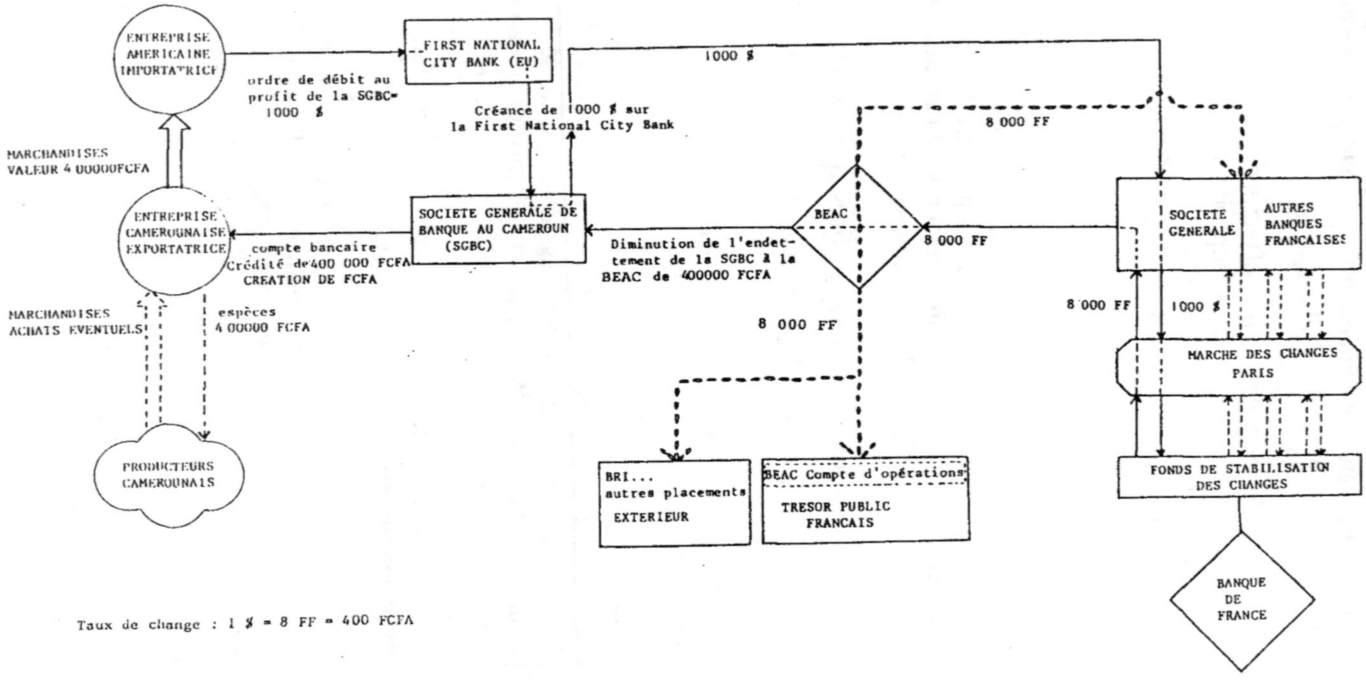

Taux de change : 1 $ = 8 FF = 400 FCFA

La Société générale porte la créance de 1 000 $ sur le marché des changes de Paris — où le Fonds de stabilisation des changes comptabilise les opérations faites au profit des pays membres de la zone franc et obtient, en contrepartie, 8 000 FF ; afin de transformer ces francs français en francs CFA, la Société générale les verse à la BEAC, au profit de la SGBC dont l'endettement auprès de sa Banque centrale est réduit de 400 000 FCFA. Ces francs français peuvent être employés sous diverses formes par la BEAC : soit elle les verse sur son compte d'opérations, et accroît, par ce biais, ses avoirs francs ; soit elle les place à l'extérieur de la zone franc, dans les limites fixées par ses statuts ; soit elle les réutilise immédiatement en les mettant à la disposition d'une autre banque française ; dans ce dernier cas, la banque française demandeuse interviendra comme correspondante d'une banque commerciale africaine désireuse d'obtenir des francs français contre des francs CFA, dans le cadre d'une opération de change inverse.

Le circuit sera clos lorsque la SGBC aura crédité dans ses écritures le compte de l'entreprise camerounaise de 400 000 FCFA ou aura obtenu le remboursement de son avance.

2. Lorsque l'entreprise camerounaise vend ses marchandises à un acheteur français, le circuit est simplifié : la SGBC détient une créance en francs français qu'elle dépose auprès de la BEAC.

b) *Les effets de ces opérations de change pour chaque intermédiaire financier*

La position des intermédiaires financiers qui interviennent dans ces opérations de change est affectée de manières très diverses :

1. La Société générale n'a servi que d'intermédiaire : sa liquidité est inchangée après cette opération, dans la mesure où les dollars qu'elle a présentés sur le marché des changes de Paris sont retournés, sous forme de francs, auprès de la BEAC ; les fuites hors de son circuit ont été totales.

2. La BEAC doit choisir entre le placement des francs

français, sur son compte d'opérations ou à l'extérieur, ou leur échange, lors d'une séance de compensation, contre des francs CFA détenus par une banque commerciale ; quelle que soit l'affectation retenue, elle portera dans ses écritures cette opération au profit du Cameroun dont elle créditera le poste « *avoirs extérieurs-avoirs en devises* ».

3. La SGBC a exercé son pouvoir de monétisation en créant des francs CFA au profit de l'entreprise camerounaise, en contrepartie des devises gagnées par celle-ci à l'exportation ; au terme du processus de change, la SGBC s'est désendettée auprès de la BEAC et sa liquidité s'est améliorée lorsque sa Banque centrale a créé des francs CFA en sa faveur. Si la fuite hors du circuit de la SGBC est totale, en particulier si l'entreprise camerounaise demande la conversion de son nouveau crédit en monnaie fiduciaire, la SGBC aura rempli le même rôle d'intermédiaire que son ancienne maison mère : toutes choses égales par ailleurs, elle retrouvera après ces fuites une liquidité et un endettement vis-à-vis de son Institut d'émission identiques à ceux qu'elle avait avant cette opération de change.

4. Le Trésor public français, dans la mesure où la BEAC y dépose les francs français qu'elle a obtenus, s'est refinancé pour un montant équivalent à celui de l'exportation réalisée ; il inclura cette opération dans ses comptes lors de l'ajustement hebdomadaire de sa situation auprès de la Banque de France : « *L'avantage que représente pour le Trésor français l'existence de soldes créditeurs aux comptes d'opérations est réel, car ils sont l'une des ressources qu'utilise le Trésor français pour financer la charge qui résulte pour lui des découverts d'exécution des lois de finances et de l'amortissement de la dette publique. Le Trésor subit toutefois le contrecoup de leurs variations et doit rémunérer ces dépôts* » (X. de la Fournière, 1970, p. 208).

2. Les opérations de change liées aux importations

a) *Le circuit*

Les mécanismes de change mis en œuvre au sein de la zone franc afin d'assurer le paiement à l'étranger des marchandises importées par les entreprises et les commerçants africains se déduisent de ceux décrits pour le règlement des exportations.

1. L'entreprise camerounaise est également importatrice ; elle règle en francs CFA, à la SGBC, le montant des produits payables en dollars qu'elle a achetés aux États-Unis ; sa banque remet ces francs CFA à la BEAC qui verse, en contrepartie, des francs français à la Société générale à Paris ; celle-ci échange ces francs contre des dollars sur le marché des changes français, puis fait parvenir ces devises à la SGBC ; la banque camerounaise envoie les dollars à la First National City Bank qui en créditera le compte de l'exportateur américain.

2. Le circuit des opérations de change est simplifié lorsque l'entreprise camerounaise importe des produits de France ; après en avoir débité le compte de cette entreprise, la SGBC remettra des francs CFA, correspondant à l'achat effectué, à la BEAC qui fera parvenir des francs français à la banque française de l'entreprise exportatrice.

b) *Les effets consécutifs aux opérations de change liées aux importations* sont, pour la plupart, de sens opposés à ceux relevés pour les exportations :

1. La liquidité de la Société générale demeure inchangée.

2. Pour se procurer des francs français, la BEAC aura le choix entre les possibilités décrites précédemment ; simultanément, le poste « *avoirs extérieurs-avoirs en devises* » du Cameroun diminuera dans ses écritures et les avoirs extérieurs de la zone d'émission seront amputés du montant des importations réalisées hors de cette zone.

3. Le paiement des importations par la SGBC se traduit par une destruction de francs CFA ; la liquidité de cette banque diminue et son endettemment auprès de la BEAC s'accroît.

4. Si, pour effectuer ce règlement, la BEAC a prélevé des francs français sur son compte d'opérations, les dépôts d'origine étrangère auprès du Trésor public français diminueront d'autant et les besoins de refinancement de cet

organisme auprès de la Banque de France augmenteront du montant de ce règlement.

3. Les opérations de change liées aux mouvements de capitaux

Les mouvements de capitaux entre les pays africains membres de la zone franc et les autres pays s'effectuent dans des conditions et selon les modalités décrites pour le règlement des importations et des exportations de biens et services. Le circuit financier est toutefois plus court pour les transferts avec la France dans la mesure où aucune conversion en devise tierce n'intervient ; les transferts vers les pays n'appartenant pas à la zone franc se font dans le cadre des dispositions du contrôle des changes appliqué par tous les membres de la zone franc, des dispositions qui peuvent être très restrictives à l'égard des sorties de capitaux.

Il est difficile d'évaluer avec précision les mouvements de capitaux internes à la zone franc dans la mesure où ils ne sont pas systématiquement identifiés et où un dépôt initial peut être, au cours d'une même année, à l'origine de plusieurs mouvements de capitaux de sens contraires ; certains de ces mouvements affectent les politiques monétaires pratiquées par les pays africains et exercent, notamment par leurs incidences sur la mobilisation de l'épargne nationale, des effets récessifs sur l'activité économique.

4. Les mouvements de capitaux internes à la zone franc, qu'ils soient d'origine commerciale ou financière, peuvent avoir, en certaines circonstances, une influence sur l'évolution du taux de change du franc français, en particulier lorsque la balance des paiements française est déficitaire et que celle de l'ensemble des pays africains de la zone franc est, globalement, excédentaire (13).

Ces mouvements de capitaux n'exercent pas, par contre, d'influence directe sur l'évolution de la liquidité bancaire en France ou sur le mode de refinancement des banques françaises impliquées dans les opérations de change analysées ; seule la situation du Trésor public français sera affectée — quoique dans des proportions moindres depuis les réformes intervenues en 1972-1973 — par les dépôts et les retraits de fonds effectués par les pays africains sur les comptes courants ouverts auprès de cet organisme.

5. Simultanément aux mouvements de capitaux vers l'extérieur recensés dans chaque zone d'émission, des flux non officiels de capitaux se sont développés en direction de pays non membres de la zone franc ; les autorités monétaires évaluent ces flux par le biais du montant des billets qui sont rachetés chaque année par la BCEAO et la BEAC à leurs correspondants étrangers.

En Afrique centrale, par exemple, deux courants principaux de capitaux coexistent (R. Prioux, 1987, p. 31) :

— l'un vers les pays africains voisins à monnaie faible (Ghana, Zaïre et surtout Nigéria [voir en particulier, F. Géro, 1984]) : le franc CFA « *sert de monnaie refuge et de monnaie de règlement pour de nombreuses opérations plus ou moins frauduleuses de caractère financier et surtout commercial, la décote des monnaies faibles constituant une prime appréciable à l'importation de marchandises en provenance de ces pays* » ; des sorties nettes de billets sont également observées avec les pays de l'UMOA.

— l'autre vers l'Europe « *Economies sur salaires, dépenses pour tourisme, voyages d'affaires ou officiels ; surtout, constitution de dépôts à l'extérieur et évasion de capitaux* ».

Au 30 juin 1986, les exportations manuelles de billets de banque ont été évaluées par la BEAC à 168,5 milliards de FCFA (21,6 milliards de FCFA en juin 1974, soit une progression annuelle moyenne de 20,5 %) ; elles représentent 41,6 % de la circulation fiduciaire (34,2 % en 1974) ; ces sorties illicites de capitaux s'effectuent vers l'Afrique de l'Ouest (rachats à la BCEAO, 99,1 milliards de FCFA) et vers l'Europe (69,4 milliards, dont les deux tiers vers la France, la Suisse et l'Autriche) (voir « les sorties de billets BEAC », A. Tene-Koyzoa, 1986, pp. 250-258).

Les flux de capitaux avec l'extérieur sont connus avec incertitude et sont probablement plus conséquents ; ils sont liés à la convertibilité du franc CFA, et à l'origine de difficultés pour les économies africaines : « *Les exportations de billets posent un sérieux problème aux États et à la*

BEAC *car elles pèsent lourdement sur les résultats de la balance des paiements et se situent en dehors de tout circuit officiel avec les conséquences douanières et fiscales qu'elles impliquent* » (R. Prioux, 1987, p. 31).

B. Le fonctionnement des comptes d'opérations

1. Les nouvelles conventions de comptes d'opérations conclues entre la France et les pays membres de la BEAC et de la BCEAO donnent une latitude de choix aux banques centrales africaines dans la gestion d'une partie de leurs avoirs extérieurs dont, désormais, 35 % peuvent être placés hors du compte ouvert auprès du Trésor français (14).

Quinze ans après la signature de nouveaux accords de coopération monétaire, il est toujours malaisé de déterminer le sens profond de ces nouvelles dispositions : doivent-elles s'analyser comme un premier pas vers une autonomie relative des pays africains dans la gestion de leurs avoirs en devises, ce premier pas devant en appeler d'autres ... qui tardent à se manifester ? le pourcentage de 35 % n'est-il qu'une concession des autorités monétaires françaises aux pays membres de la BCEAO et de la BEAC face à la diversification croissante de leur commerce extérieur depuis 1960 et au moindre rôle joué par la France dans ce domaine (tableaux III et IV, supra, pp. 95-96) ?

2. Le solde créditeur du compte d'opérations porte intérêt au profit de la BCEAO et de la BEAC et, depuis 1974, les conditions de rémunération des dépôts sur ces comptes sont identiques dans les deux zones d'émission (15).

Afin de prémunir leurs réserves en francs contre toute dépréciation du taux de change du franc français, les partenaires africains de la France ont obtenu une garantie de change pour leurs dépôts en compte d'opérations : « *Le solde créditeur du compte d'opérations est garanti par référence à une unité de compte [le DTS] agréée d'accord partie* » (BCEAO, 1973-3) ; un différend étant apparu en 1976 entre la France et ses partenaires sur les modalités d'application de cette garantie de change, une nouvelle formule a été définie en 1980 (16).

Les intérêts annuels perçus par la BCEAO et la BEAC sur leurs avoirs extérieurs déposés en compte d'opérations depuis 1962 et 1970 apparaissent sur le tableau VIII (p. 140) ; ces intérêts sont dépendants du montant moyen des dépôts effectués auprès du Trésor français et de leur taux de rémunération ; ce taux évolue en fonction de la politique monétaire et de la conjoncture françaises, mais également en fonction de dispositions prises à l'extérieur de la zone franc et qui se transmettent d'un pays à l'autre, notamment, par l'intermédiaire du marché des euro-devises (voir, en particulier, P. Champion et J. Trauman, 1982 ; F. Perroux, J. Denizet et H. Bourguinat, 1971).

Les intérêts perçus respectivement par la BEAC et la BCEAO sur leurs dépôts auprès du Trésor français ont varié en sens inverse depuis 1978 ; sur l'ensemble de la période étudiée, les produits résultant des placements en compte d'opérations ont toutefois évolué avec moins de régularité que l'ensemble des produits financiers obtenus par chaque Banque centrale (17).

3. Lorsque le compte d'opérations devient débiteur, des intérêts sont versés au Trésor français : si le solde débiteur est inférieur à 1 milliard de FCFA, les taux appliqués sont ceux fixés dans les conventions de 1955 ; si le solde débiteur est supérieur à 1 milliard de FCFA, le taux appliqué sera celui défini précédemment pour le solde créditeur (18).

A la suite de l'évolution intervenue dans la composition du conseil d'administration de la BEAC, la garantie de change accordée par le compte d'opérations est devenue conditionnelle en Afrique centrale comme elle l'était en Afrique de l'Ouest depuis 1962 :

— En cas d'épuisement des disponibilités en compte d'opérations de la BCEAO ou de la BEAC, chaque Banque centrale doit d'abord utiliser les disponibilités placées à l'extérieur de sa zone d'émission, puis pratiquer le ratissage des devises, dans certains ou dans tous les pays membres de cette zone (19).

— La BEAC est désormais tenue de calculer, comme la BCEAO depuis 1962, le rapport entre le montant moyen de ses avoirs extérieurs et le montant moyen de ses enga-

TABLEAU VIII - INTERETS PERCUS SUR LES DEPOTS EN COMPTE D'OPERATIONS - BCEAO et BEAC [1962-1987]

milliards FCFA

Exercices	B C E A O				BCEAEC / BEAC			
BCEAO sept-sept BEAC juin-juin	Produits bruts	Dépôts en compte d'opérations			Produits bruts	Dépôts en compte d'opérations		
		intérêts perçus	moyenne mensuelle des dépôts	taux moyen de rémunération(%)		intérêts perçus	moyenne mensuelle des dépôts	taux moyen de rémunération(%)
1962-63	1,7(1)	0,8(1)	26,1(1)	3,5(1)	1,0	0,3	10,0	
1963-64	2,2	1,0	24,4	3,9	1,1	0,3	8,9	
1964-65	2,2	0,8	22,3	3,7				
1965-66	2,1	1,0	29,4	3,5	1,2	0,5		
1966-67	2,5	1,5	33,4	4,5	1,3	0,5	14,3	
1967-68	3,0	1,7	32,2	5,3	1,4	0,4	8,1	
1968-69	4,1	2,7	33,4	7,9	1,7	0,5		
1969-70	5,3	3,7	42,9	8,6				
1970-71	5,2	3,9	57,2	6,9	2,2	0,7	11,5	
1971-72	5,1	3,4	55,9	6,1	2,4	0,8	15,4	
1972-73	6,7	4,7	61,0	7,7	1,8(2)	0,5(2)	13,3(2)	6,6(2)
1973-74	12,4	6,8	58,2	11,6	4,2(3)	1,6(3)	15,9(3)	10,0(3)
1974-75	13,4	3,9	45,3	9,3	5,9	2,4	24,5	10,1
1975-76	15,4	4,6	60,2	7,5	6,4	2,0	26,7	7,0
1976-77	22,1	9,3	101,5	9,2	9,2	3,9	42,4	9,5
1977-78	26,9	8,7	104,4	8,4	9,7	1,7	21,1	8,7
1978-79	31,4	6,4	85,5	7,5	10,3	1,6	26,0	7,0
1979-80	45,5	2,2	(4)	12,2	14,7	4,6	54,8	11,7
1980-81	78,4	-10,9	débit	14,1	22,0	12,8	101,1	12,5
1981-82	103,3	-14,0	débit	16,0	36,1	26,9	153,3	16,7
1982-83	113,8	-23,2	débit	13,1	39,2	25,6	192,6	13,7
1983-84	120,8	-22,2	débit		42,7	28,8	229,0	12,6
1984-85	122,7	- 2,2	(4)		45,9	27,3	244,0	11,1
1985-86	118,9	15,4	crédit		43,6	29,4	262,0	11,2
1986-87	95,6	6,8	(4)		34,6	12,0	110,0	9,3

(1) 11 mois, nov.1962-sept.1963 (2) 9 mois, juil.1972-mars 1973 (3) 15 mois, avr.1973-juin 1974 (4) Crédit et débit.

SOURCES : - BCEAEC/BEAC, Rapports d'activité
- BCEAO, Rapports annuels

gements à vue ; des conseils d'administration extraordinaires sont convoqués afin de prendre « *toutes dispositions appropriées* » lorsque ce rapport a été inférieur à 20 % durant trois décades successives en Afrique centrale, et durant trois mois successifs en Afrique de l'Ouest (20).

L'évolution mensuelle de ce rapport, apparaît sur le graphique 1 (p. 142), depuis 1962 en Afrique de l'Ouest et depuis 1971 en Afrique centrale. En Afrique de l'Ouest, ce rapport a, en moyenne, diminué après l'entrée en vigueur des nouveaux statuts de la BCEAO, en 1974 ; il a été, le plus souvent, inférieur à 20 % depuis janvier 1980, à la suite de la forte diminution des avoirs extérieurs nets des pays ouest-africains. Par contraste, en Afrique centrale ce rapport n'a été inférieur à 20 % que durant quelques décades des années 1975 à 1979 et depuis 1987.

— Lorsque le compte d'opérations de la BEAC est débiteur durant neuf décades consécutives, les plafonds de réescompte et d'avances sont réduits comme précédemment en Afrique de l'Ouest (21) ; de plus, aucune nouvelle autorisation de concours à moyen terme ne peut être consentie par la BEAC dont le conseil d'administration doit délibérer sur un éventuel relèvement du taux d'escompte, de pension et d'avance ; tant que le compte d'opérations demeure débiteur durant neuf décades consécutives, ces mesures ne peuvent être modifiées par le conseil d'administration sans l'accord de la France.

Depuis l'entrée en vigueur des nouveaux accords de coopération monétaire, des mesures de sauvegarde relativement contraignantes conditionnent le fonctionnement des comptes d'opérations dans les deux zones d'émission. L'étude de l'évolution des contreparties de la masse monétaire des pays africains (H. Gérardin, 1986-1, pp. 427-429) montre comment, malgré ces dispositions, les comptes d'opérations sont devenus débiteurs avec le contre-choc pétrolier : celui de la BCEAO, de mars 1980 à mars 1985, et fréquemment depuis août 1987 ; celui de la BEAC depuis août 1987 ; celui de la Banque centrale du Mali, de sa création, en 1968, à sa suppression en 1984. Cette étude met en évidence le rôle déterminant des comptes d'opérations dans le fonctionnement de la zone franc.

GRAPHIQUE 1 - EVOLUTION DU RAPPORT AVOIRS EXTERIEURS SUR ENGAGEMENTS A VUE- BCEAO [1962-1988]- BEAC [1971-1988]

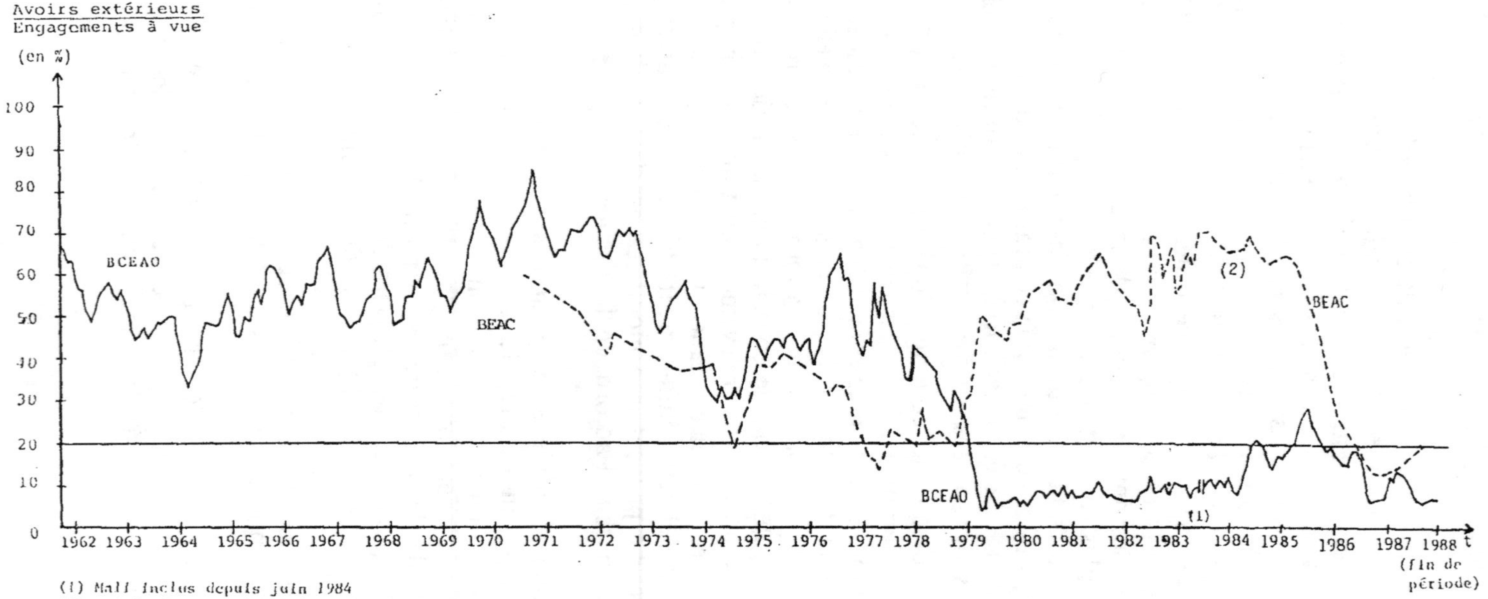

(1) Mali inclus depuis juin 1984
(2) Guinée équatoriale incluse depuis janvier 1985

SOURCES : Données brutes : BCEAO, NIS ; BEAC, E et S.

SECTION V — LA DISTRIBUTION DU CRÉDIT : VERS UNE HARMONISATION DES ATTRIBUTIONS DES BANQUES CENTRALES

Dans les deux zones d'émission, les réformes de 1972-1973 ont accru les pouvoirs des conseils d'administration en matière de distribution des crédits, en particulier en ce qui concerne les crédits consentis aux États et les crédits accordés à l'économie, à moyen et long terme ; ces réformes se sont également traduites par une harmonisation des mécanismes du réescompte à court terme, le processus jusqu'alors appliqué en Afrique de l'Ouest ayant été adopté, pour l'essentiel, en Afrique centrale.

A. Les nouveaux mécanismes du réescompte des crédits à court terme

Afin de mettre en évidence le rôle des institutions monétaires et financières qui interviennent dans les mécanismes du réescompte des crédits par chaque Banque centrale, les principales étapes du processus instauré dans l'UMOA en 1976 ont été représentées sur le schéma 5 (p. 144).

1. Dans le cadre des directives du conseil des ministres de l'UMOA, le conseil d'administration de la BCEAO définit les conditions générales d'exécution des opérations de crédit autorisées par les statuts.

2. Chaque comité national du crédit apprécie, par pays, les besoins de financement des activités économiques et du développement, puis compare ces besoins, d'une part, avec les ressources locales disponibles et, d'autre part, avec les concours susceptibles d'être apportés par la BCEAO.

3. Chaque comité propose au conseil d'administration de la BCEAO le montant global des concours que la Banque centrale pourra consentir tant aux banques qu'à l'État.

4. La BCEAO centralise l'ensemble des demandes nationales de concours.

5. En fonction de la situation monétaire dans l'UMOA et dans chaque pays membre, la BCEAO :

SCHEMA 5 - LES MECANISMES DU REESCOMPTE DES CREDITS EN AFRIQUE DE L'OUEST [1973-1989]

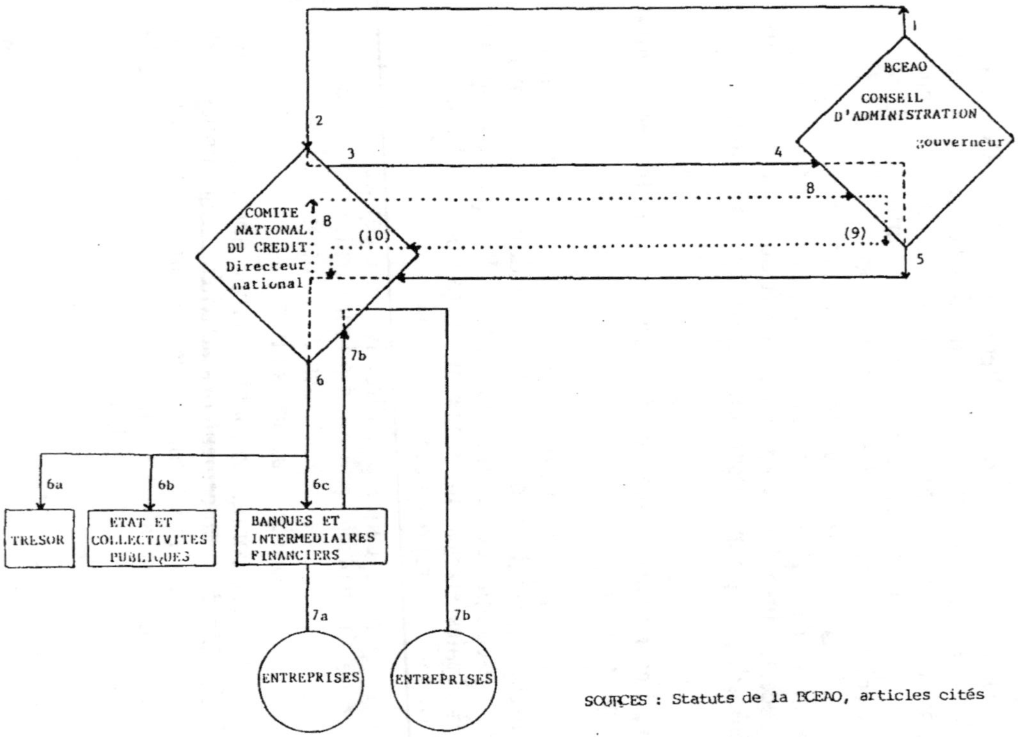

SOURCES : Statuts de la BCEAO, articles cités

* arrête le volume global des concours qu'elle est susceptible d'accorder pour l'année à venir ;

* fixe par pays le montant maximum de ses concours, tant en faveur de l'État qu'en faveur des banques et établissements financiers (22).

6. Sur proposition des directeurs nationaux de la BCEAO, chaque comité national détermine les concours pouvant être accordés par la Banque centrale :

* au Trésor public, par réescompte d'obligations cautionnées souscrites à son ordre ;

* à l'État et aux collectivités publiques dans le cadre des limites fixées statutairement ;

* aux banques et établissements financiers, sous des formes diverses (23).

7. Chaque comité national intervient dans le processus d'octroi de crédits aux entreprises et aux particuliers par les banques et établissements financiers en arrêtant, notamment :

* la limite des crédits pouvant être consentis à une même entreprise et susceptibles d'être mobilisés à la BCEAO ;

* le montant minimum de crédit à partir duquel tout octroi de crédits supplémentaires à une entreprise sera subordonné à son agrément préalable (24) ;

* la proportion ou le montant minimum des divers emplois pouvant être portés par les banques et établissements financiers (25) ;

* les coefficients d'emplois par secteur d'activité devant être respectés par les banques (26).

8. Les décisions du comité sont communiquées au gouverneur qui les accepte ou ...

9. propose au conseil d'administration de réviser les décisions jugées non conformes aux dispositions statutaires, aux décisions du conseil d'administration ou aux directives du conseil des ministres.

10. Une sorte de navette s'instaure, dans ce cas, entre les organes centraux et nationaux de la BCEAO (27).

Depuis 1976, les interventions de la BCEAO par le biais de la politique de réescompte sont devenues plus souples, cette Banque ne donnant plus d'engagement ferme de mobilisation des crédits et n'attribuant plus de plafonds de réescompte à chaque banque : « *Son action, qui se situe désormais dans le cadre d'une politique globale et qui tend à la réalisation d'objectifs quantitatifs précis, se traduit par une adaptation constante de ses interventions aux impératifs monétaires excluant, pour les distributeurs de crédits, toute certitude quant aux refinancements qu'ils sont susceptibles d'obtenir* » (BCEAO, 1976, p. 4).

En 1972, les pays d'Afrique centrale ont adopté, pour le réescompte des crédits à court terme, des mécanismes proches de ceux appliqués en Afrique de l'Ouest à cette époque : « *La réforme de 1972 a profondément modifié la procédure. Jusqu'alors, aucun plafond ne limitait de façon systématique et rigide le volume des crédits à court terme ni globalement ni par État. La BCEAEC fixait des plafonds aux facilités de réescompte accordées à chaque banque d'une part et aux entreprises clientes des banques d'autre part. Les statuts de la BEAC ont adopté une formule voisine de celle de la BCEAO en confiant au conseil d'administration le soin d'arrêter les plafonds généraux de réescompte, d'avances et autres facilités à court terme pouvant être accordés à l'économie de chaque État* » (B. Vinay, 1980, p. 76).

Les comités monétaires nationaux d'Afrique centrale arrêtent, depuis 1973, des plafonds de réescompte par banque et « *proposent au conseil d'administration les limites de réescompte d'effets souscrits par une même entreprise ou les entreprises d'un même groupe dépassant un montant déterminé par le conseil* » (BEAC, 1976-3, art. 42). L'évolution observée en Afrique centrale pour le réescompte des crédits à court terme reflète la nouvelle répartition des pouvoirs établie en 1972 dans la zone d'émission de la BEAC et confirme la prééminence du conseil d'administration sur les comités monétaires nationaux dans ce domaine d'intervention : « *Dans l'hypothèse où les plafonds globaux diffèrent des concours estimés nécessaires par les comités nationaux, il appartient à ces derniers de procéder aux ajustements convenables* » (BEAC, 1976-3, art. 36).

B. Les conditions de réescompte des crédits à moyen et long terme

Afin de permettre aux deux Banques centrales de participer plus activement au financement du développement des pays membres, les possibilités d'intervention à moyen et long terme de la BCEAO et de la BEAC ont été considérablement élargies en 1972-1973.

* La durée des concours à moyen terme mobilisables consentis à des particuliers ou à des entreprises a été portée à 10 ans dans chaque zone d'émission (28).

* Les deux Banques centrales peuvent, depuis leur réforme, intervenir dans le financement des crédits à long terme, lorsque ceux-ci n'ont plus que dix années à courir.

Dans chaque zone d'émission, les crédits à moyen et long terme sont réescomptés dans des conditions proches de celles instituées pour le réescompte des crédits à court terme : en Afrique centrale, le conseil d'administration de la BEAC fixe périodiquement un plafond des effets représentatifs de crédits à moyen terme pouvant être admis au réescompte dans chaque État ; en Afrique de l'Ouest, ce mécanisme du plafond, qui fonctionna de 1962 à 1976, a été supprimé et les crédits à moyen terme sont mobilisés dans les mêmes conditions que les crédits à court terme. Dans les deux zones d'émission, seule une partie des crédits — variable selon leur objet — est mobilisable auprès de la Banque centrale (29).

* La BCEAO est autorisée, sous certaines conditions, à réescompter des concours à moyen et long terme obtenus par des nationaux dans le but de financer des prises de participation ou le rachat du capital d'entreprises étrangères installées en Afrique de l'Ouest ; cette mesure pourrait permettre, à terme, de renforcer l'africanisation du capital des entreprises ouest-africaines si les pays membres de l'UMOA réussissaient à mobiliser une partie significative de leur épargne dans ce but.

C. Des concours accrus des Banques centrales aux Trésors

Les réformes de 1972-1973 ont permis à la BCEAO et à la BEAC de modifier les conditions d'attribution de leurs concours aux Trésors publics nationaux, notamment en accroissant le volume de leurs interventions et en allongeant la durée de leurs engagements.

1. Les deux Banques centrales peuvent consentir des découverts en compte courant aux Trésors des États membres (BCEAO, 1973-2 ; BEAC, 1976-3).

2. La BCEAO et la BEAC peuvent accorder des avances sur les effets publics créés ou garantis par les États membres dans la limite des quotités fixées par le conseil d'administration ; elles peuvent également acheter et revendre des effets publics à condition que ces opérations ne soient pas réalisées au profit de Trésors publics (30).

3. Depuis les réformes de 1972-1973, dans les deux zones d'émission, les Banques centrales peuvent escompter ou réescompter des effets publics à moyen et long terme, à condition que ces effets n'aient plus que dix ans à courir (31). Ces effets doivent avoir pour objet de financer la création ou l'extension d'équipements collectifs ou d'infrastructures, l'amélioration des conditions de production dans l'industrie ou l'agriculture, ou la souscription au capital d'entreprises concourant au développement.

En Afrique centrale comme en Afrique de l'Ouest, les concours consentis par la Banque centrale à un État membre, sous une des trois formes précitées, ne peuvent dépasser 20 % des recettes fiscales nationales constatées au cours de l'exercice écoulé.

Quoique pour des montants encore limités, la BEAC et la BCEAO sont plus étroitement associées au financement du développement de chaque pays membre, dans la mesure, toutefois, où les concours à court terme des Banques centrales ne sont pas principalement affectés à la gestion courante des finances publiques. L'examen des concours accordés par les Banques centrales aux Trésors nationaux (H. Gérardin, 1986-1, p. 450) met en évidence les options prises par chaque pays de la zone franc dans ce domaine : les décisions arrêtées sont révélatrices de choix liés au développement, mais elles sont également tributaires des évolutions conjoncturelles.

D. Les prises de participation des Banques centrales

En 1972-1973, deux modifications statutaires sont intervenues pour préciser les conditions dans lesquelles les Banques centrales sont autorisées à prendre des participations :

— Dans les deux zones d'émission, le pouvoir de décision a été, en partie, redistribué : en Afrique centrale, le conseil d'administration de la BEAC est habilité à autoriser la Banque centrale à prendre des participations, les accords préalables des autorités françaises et du gouvernement de l'État concerné n'étant plus formellement exigés ; en Afrique de l'Ouest, une majorité des sept huitièmes du conseil d'administration est requise pour effectuer des opérations de ce type et la France perd une minorité de blocage.

— Les conditions dans lesquelles la BEAC et la BCEAO peuvent prendre des participations au capital d'entreprises ou d'institutions financières ont été définies en fonction de leur objet (32).

SECTION VI — L'AFRICANISATION DES BANQUES CENTRALES

Les principaux organes qui assuraient la direction des deux Banques centrales ont été transformés en 1972-1973 pour permettre aux pays africains d'exercer une emprise accrue sur la politique monétaire appliquée par leur Institut d'émission commun et d'orienter, d'une manière plus marquée, leurs interventions en faveur du développement.

SCHEMA 6 - ORGANISATION MONETAIRE DE L'AFRIQUE CENTRALE ET DE L'AFRIQUE DE L'OUEST [Juin 1989]

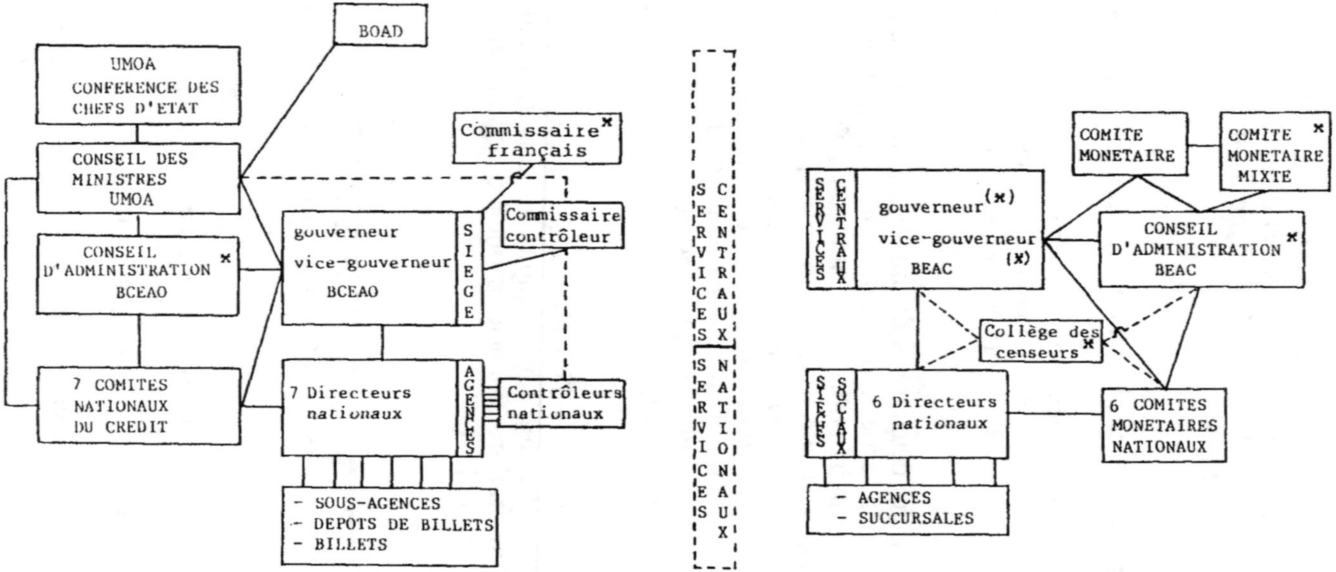

x participation française
(x) participation française éventuelle

Au niveau de la direction et de l'administration des Banques centrales, l'organisation mise en place en 1972 en Afrique centrale a été, en partie, calquée sur celle qui fonctionnait en Afrique de l'Ouest depuis une décennie, alors qu'en 1973, les interventions de la France dans l'administration du système monétaire ouest-africain ont été plus strictement délimitées qu'en Afrique centrale. Le schéma 6 (p. 150) permet de comparer les institutions monétaires des deux zones d'émission en faisant apparaître, d'une part, les liens qui unissent les organes de décision et de contrôle, et, d'autre part, la place qui a été conservée par la France dans le fonctionnement de chaque zone.

A. La conférence des chefs d'État, instituée en 1973, constitue l'autorité suprême de l'UMOA. Elle se réunit au moins une fois l'an, arrête ses décisions à l'unanimité et a reçu des attributions étendues, puisqu'elle doit décider de l'adhésion de nouveaux membres et trancher « *toute question n'ayant pu trouver une solution par accord unanime du conseil des ministres de l'union* » (BCEAO, 1973-1, art. 5) ; elle est présidée, tour à tour, par chaque État membre.

B. Au plan ministériel

1. Un comité monétaire composé des ministres des Finances et des Affaires économiques des États membres de la BEAC a été créé en Afrique centrale ; ce comité est chargé de veiller à l'application des dispositions contenues dans la convention de coopération monétaire signée par les six pays partenaires et d'en recommander d'éventuelles adaptations en fonction de leur évolution économique. Lorsque ce comité monétaire s'adjoint (au moins une fois par an) le ministre des Finances français, il se réunit en comité monétaire mixte, un organe de concertation et de contrôle sans équivalent en Afrique de l'Ouest (BEAC, 1976-2).

2. Les attributions du conseil des ministres de l'UMOA

sont étendues et ont été précisées en 1973 ; ce conseil arrête les grandes orientations des politiques monétaire et financière appliquées dans les sept États membres de la BCEAO : « *Il définit la politique monétaire et de crédit de l'union afin d'assurer la sauvegarde de la monnaie commune et de pourvoir au financement de l'activité et du développement économique des États de l'union* » (BCEAO, 1973-1, art. 12) (33).

3. En dehors de tout cadre institutionnel, les ministres des finances de la zone franc se réunissent deux fois par an, alternativement en France et dans un pays africain, « *en vue de s'informer mutuellement et collectivement de la situation économique, financière et monétaire de leurs pays, de confronter leurs points de vue sur les principaux problèmes internes ou externes et d'examiner les problèmes communs. Ces réunions permettent de procéder à un large tour d'horizon des facteurs susceptibles d'influer sur les activités de chacun et de l'ensemble du groupe et facilitent une concertation approfondie particulièrement utile à la coopération monétaire* » (B. Vinay, 1980, p. 24).

C. La composition des conseils d'administration des Banques centrales a été modifiée en faveur des pays africains :

1. En Afrique centrale, la France ne nomme plus que trois administrateurs sur treize (Cameroun 4, Gabon 2, Centrafrique 1, Congo 1, Guinée équatoriale 1, Tchad 1) ; elle ne dispose plus d'une minorité de blocage au sein du conseil d'administration de la BEAC que pour la définition des grandes options concernant la monnaie (en particulier les changements de parité) et pour l'application des mesures coercitives liées au fonctionnement du compte d'opérations. La présidence du conseil d'administration de la BEAC est désormais assurée pour un an, à tour de rôle, par un administrateur africain. Les pouvoirs de ce conseil ont été renforcés en 1972, notamment pour l'allocation des crédits à l'économie, par le biais de la politique de réescompte, et pour la gestion des avoirs extérieurs.

2. En Afrique de l'Ouest, le conseil d'administration de la BCEAO est composé de 16 administrateurs, chaque pays membre et la France nommant deux administrateurs ; la présidence de ce conseil est assurée par le gouverneur de la BCEAO ; la plupart des décisions sont arrêtées à la majorité simple ou des sept huitièmes, la France ne disposant d'une minorité de blocage que dans un cas particulier relatif à l'évolution des avoirs extérieurs et, comme en Afrique centrale, pour procéder à d'éventuelles modifications statutaires. Dans le cadre des directives du conseil des ministres de l'UMOA, ce conseil d'administration a reçu de nouvelles prérogatives : il précise les conditions d'exécution des opérations de la BCEAO et en fixe les taux et conditions ; il détermine le montant des concours que la BCEAO peut accorder à l'économie de chaque État, autorise la BCEAO à prendre des participations et décide de pratiquer le « ratissage » des devises ; il peut réviser certaines décisions des comités nationaux du crédit.

D. La direction générale de la BCEAO est désormais assurée par un gouverneur africain choisi par le Conseil des ministres de l'UMOA (34) ; **en Afrique centrale**, la France intervient encore directement lors de la désignation du gouverneur et du vice-gouverneur de la BEAC, ceux-ci devant être « *nommés à l'unanimité par le conseil d'administration après agrément des gouvernements des États membres et de la France* » (BEAC, 1976-3, art. 43 et 45) (35). Le transfert en Afrique des sièges de la BCEAO et de la BEAC s'est accompagné d'une africanisation de nombreux postes de responsabilité dans les services centraux et les directions nationales de chaque Banque centrale (36). En dépit des contraintes externes liées à l'application des accords de coopération monétaire signés avec la France, les pays africains membres de la zone franc exercent une responsabilité accrue sur le fonctionnement de leurs principaux outils monétaires.

E. En 1973, les pays d'Afrique de l'Ouest ont institué des **comités nationaux du crédit** qui ont été organisés et fonctionnent, pour l'essentiel, comme les anciens comités monétaires nationaux, et dont l'appellation reflète mieux les activités ; celles-ci concernent, principalement, la distribution du crédit aux banques et établissements financiers, au Trésor public, à l'État et aux collectivités publiques (37).

Les comités monétaires nationaux d'Afrique centrale ont été profondément modifiés en 1972, leur organisation et leurs attributions étant désormais proches de celles des comités nationaux ouest-africains. Les changements sont importants, en particulier, au niveau de la composition des comités et du rôle limité qui y est réservé au représentant français (38) ; ils interviennent principalement dans le processus d'attribution des crédits à l'économie.

F. Le contrôle des comptes de la BCEAO est assuré à deux niveaux : chaque pays désigne un contrôleur national chargé de vérifier les comptes des agences et le Conseil des ministres de l'UMOA nomme un commissaire contrôleur qui doit « *centraliser les observations des contrôleurs nationaux et vérifier la comptabilité centralisée de la Banque centrale* » (BCEAO, 1973-2, art. 64) ; en Afrique de l'Ouest, la France n'exerce plus son contrôle que sur les activités de la BCEAO liées au fonctionnement du compte d'opérations.

En Afrique centrale un collège de trois censeurs (un Français, un Camerounais et un Gabonais) a été institué. Les censeurs assistent, avec voix consultative, aux réunions du conseil d'administration de la BEAC et, pour deux d'entre eux — dont le censeur français —, à celles des comités monétaires nationaux où ils peuvent jouer un rôle important, notamment en retardant certaines décisions : « *Toute décision des comités monétaires nationaux jugée contraire aux dispositions organiques ou aux directives du conseil d'administration, ou mettant en cause la monnaie de la zone d'émission ou la solidarité des États membres peut être suspendue et évoquée au conseil pour décision sur l'initiative des deux censeurs ou de l'un d'entre eux* » (BEAC, 1976-3, art. 41) ; une navette s'instaure, dès lors, entre les comités monétaires nationaux et le conseil d'administration de la BEAC ; sous cette forme, la France dispose d'un droit de regard sur les options monétaires des pays d'Afrique centrale : « *La France exerce ainsi, par son* *censeur, une mission active de vigilance* » (J. Alibert, 1974-1, p. 10), une « mission » qui peut, parfois, devenir très contraignante pour les pays concernés.

Les réformes de 1972-1973 se sont traduites au plan de l'administration des Banques centrales par l'octroi d'une responsabilité accrue aux pays africains de la zone franc dans la gestion de leur outil monétaire commun : la place de la France a été sensiblement réduite dans les organes de prise de décision et l'africanisation du personnel des deux Banques centrales a été réalisée progressivement ; cette évolution est importante et a contribué à la mise en œuvre d'une nouvelle politique monétaire dans les deux zones d'émission. Les pays d'Afrique de l'Ouest disposent d'une émancipation — quoique relative — plus marquée que leurs voisins d'Afrique centrale : « *Dans la BEAC, la France est représentée à tous les niveaux de décision et de contrôle, ce qui lui laisse la possibilité d'exercer une plus grande influence que dans la BCEAO* » (J. Bourdin, 1980, p. 14). Cette évolution, parfois formelle, ne doit pas faire illusion outre mesure car la France conserve des pouvoirs de contrainte, d'intervention et de pression, indirects, par le biais de sa participation au fonctionnement des institutions monétaires africaines et, sur un autre plan, par la mise en œuvre des multiples volets — dont un volet financier — des accords de coopération bilatéraux.

SECTION VII — L'ORGANISATION MONÉTAIRE SOUS TUTELLE DU MALI [1967-1984], DES COMORES ET DES TOM-DOM FRANÇAIS

Alors que les pays d'Afrique centrale et d'Afrique de l'Ouest sont engagés dans deux processus d'intégration monétaire simultanés, au niveau régional et au niveau de la zone franc, le Mali, de 1967 à 1984, et les Comores, depuis leur indépendance, n'ont participé qu'à ce second type de groupement. Cette différence de statut s'expliquait, en partie, pour le Mali, par les options politiques prises par ce pays pendant les premières années de son indépendance, et par ses difficultés économiques. Le contexte particulier dans lequel se trouvent les Comores, pays insulaire éloigné des autres membres de la zone franc et ne disposant que de faibles ressources naturelles échangeables avec ces derniers, ne leur permet pas d'envisager leur rattachement à un groupement monétaire régional.

Le Mali et les Comores ont longtemps été soumis à une réglementation monétaire plus stricte que leurs partenaires de la zone franc ; cette différence de régime a des origines historiques et politiques (l'échec de l'expérience socialiste malienne de M. Keita et l'indépendance récente et conflictuelle des Comores), mais également économiques (les difficultés et les déséquilibres auxquels se sont heurtés ces deux pays très pauvres) et monétaires (les unions monétaires régionales étaient considérées comme des garde-fous à tout excès monétaire national).

Le système monétaire appliqué aux TOM et DOM français sera examiné ensuite, cet ensemble dispersé et disparate groupant, en 1989, une population proche de celle du Congo sur une superficie semblable à celle du Bénin ; il apparaîtra que l'organisation monétaire de l'outre-mer français a peu évolué depuis deux décennies et se caractérise encore, malgré diverses réformes administratives, par une forte centralisation métropolitaine.

A. Les étapes de la réinsertion du Mali dans l'UMOA

Après avoir quitté la zone franc en 1962, le Mali a demandé en 1966, à la suite d'importants changements politiques, sa réintégration au sein de la zone franc et de l'UMOA (voir S. Kante, 1971) ; le 15 février 1967, des accords de coopération en matière économique, monétaire et financière étaient signés par le Mali et la France et le retour du Mali dans la zone franc était prévu en deux étapes :

1. Une période préparatoire, d'une durée maximum d'un an, devait permettre au gouvernement malien de redresser une situation économique et financière compromise ; cette étape fut marquée par « *des mesures d'assainissement des finances publiques et de réorganisation des*

structures économiques (aménagement des sociétés d'État déficitaires et amorce de libération du commerce extérieur) » (B. Vinay, 1980, p. 16) et, le 6 mai 1967, par une dévaluation de 50 % du franc malien, une mesure dont les effets « *ne furent pas dans l'ensemble ceux qui étaient escomptés. Les prix n'ont pas monté brutalement grâce à l'allègement des droits d'entrée, mais le commerce clandestin — dans les deux sens — ne s'atténua pas, le déficit des opérations officielles s'accentuant même avec la facilité redonnée aux importations, la dévaluation française de 1969 intervenant aussi. Enfin, la dette ne fut pas pour autant résorbée* » (G. Brasseur, 1974, p. 96) (39).

2. La seconde étape, dont la durée n'était pas précisée, prévoyait le retour du Mali dans la zone franc ; elle est intervenue après la signature des accords qui ont défini, le 20 décembre 1967, la cadre de la coopération franco-malienne et dont les dispositions monétaires sont restées en vigueur jusqu'en 1984 ; cet accord se traduisit, le 28 mars 1968, par la création d'une nouvelle Banque centrale, l'Institut d'émission franco-malien, qui adopta certaines des règles d'émission appliquées à cette époque dans l'UMOA, en particulier pour les concours accordés à l'État (40). La tutelle française exercée sur cet Institut était étroite dans la mesure où le directeur général était nommé sur proposition du gouvernement français et où le conseil d'administration rassemblait un nombre égal d'administrateurs français et maliens. L'ouverture, dans les écritures du Trésor français, d'un compte d'opérations au nom de l'Institut franco-malien garantissait la valeur de la monnaie malienne vis-à-vis de l'extérieur en lui assurant une convertibilité, théoriquement illimitée, en francs français.

3. Le Mali ayant réintégré la zone franc, le retour du Mali au sein de l'UMOA devait intervenir au cours d'une troisième étape. Ce retour, souhaité par les dirigeants maliens, s'est heurté à de fortes réticences chez certains membres de l'UMOA : ceux-ci redoutaient « *que le mauvais état des finances publiques du Mali n'ait des répercussions néfastes pour eux* » (P. Decraene, 1977) et ont exigé, préalablement, que ce pays « *accepte, par solidarité avec ses partenaires, de mettre plus de rigueur dans*

sa gestion » (P. Biarnes, 1981) ; pour la France, malgré son soutien à l'entrée malienne dans l'UMOA, celle-ci « *ne va pas sans difficultés, car ce retour suppose la remise de certaines dettes maliennes* » (P. Decraene, 1981).

Au fil des années, et malgré les réformes appliquées, la situation économique du Mali n'a cessé de se détériorer : les déséquilibres successifs de sa balance des paiements et de son budget l'ont notamment contraint à avoir massivement recours à l'aide étrangère, en particulier française ; depuis son ouverture, son compte d'opérations a été constamment débiteur et le pays s'est fortement endetté à l'extérieur. Les revers économiques initiaux de l'expérience malienne (1962-1967) sont manifestes, mais ils ont été trop souvent mis en avant par les pouvoirs publics français pour inciter les pays membres de la zone franc à ne pas s'aventurer dans des expériences monétaires nationales dont les conséquences risqueraient d'être néfastes pour leur économie : « *Le Mali s'est vu imposer des périodes probatoires qui ont l'air de vouloir marquer le retour au bercail de la brebis égarée, pour bénéficier de la solidarité monétaire qui résulte de l'union et dont profitent actuellement certains États qui n'ont pas une situation tellement meilleure* » (M. Diarra, 1972, p. 55).

4. Le 31 octobre 1983, les chefs d'État de l'UMOA ont accepté l'entrée du Mali dans l'union, « *sous les pressions conjuguées du Fonds monétaire international et de la France* » (Marchés tropicaux et méditerranéens, 24 février 1984). L'adhésion du Mali à l'UMOA — effective, le 1er juin 1984 — s'est traduite par la démonétisation du franc malien et son remplacement par le franc CFA, et par la transformation de la Banque centrale du Mali en une agence de la BCEAO (BCEAO, *NIS*, n° 328, juin 1984 et F. Kouadio, 1984).

B. Des contraintes monétaires transitoires pour les Comores ?

1. A l'approche de l'indépendance des Comores (41), la Banque de Madagascar et des Comores céda son privi-

lège d'émission dans ce territoire à un nouvel organisme, l'Institut d'émission des Comores (42) ; cet Institut obtint, comme les autres Instituts d'émission de la zone franc, l'ouverture d'un compte d'opérations.

Les principes de la coopération monétaire franco-comorienne ont été définis dans les accords de coopération du 23 novembre 1979 où figurent les statuts de la Banque centrale des Comores qui remplace, depuis cette date, l'Institut d'émission des Comores (B.C. Comores, 1979-1, -2 et -3) (43). A de nombreux égards, les statuts de cette Banque centrale étaient en retrait par rapport à ceux retenus pour la BEAC et la BCEAO en 1972-1973 ; ils étaient comparables à ceux de l'Institut d'émission franco-malien qui avait été délibérément placé sous tutelle française en 1968. D'une manière significative, les administrateurs des deux Banques centrales étaient désignés, en nombres égaux, par la France et chaque pays ; les conditions dans lesquelles s'effectuait l'émission monétaire étaient également proches dans les deux Banques. Une réforme importante est intervenue en février 1988 afin d'aligner, pour l'essentiel, les statuts de la Banque centrale des Comores sur ceux de la BEAC et de la BCEAO.

a) *Parmi les dispositions ayant régi la Banque centrale des Comores jusqu'en février 1988,* certaines étaient plus contraignantes que celles qui avaient été arrêtées lors de l'indépendance des pays africains ; ainsi lorsque le rapport des avoirs extérieurs de la Banque des Comores à ses engagements à vue était inférieur à 40 % pendant 90 jours consécutifs, le conseil d'administration devait se réunir afin de prendre des mesures coercitives ; auparavant, dans aucune Banque centrale de la zone franc ce pourcentage limite n'avait été supérieur à 20 % ; par ailleurs, le directeur adjoint et un censeur de la Banque centrale étaient désignés par les autorités françaises.

Dans d'autres domaines, la réglementation en vigueur aux Comores était proche de celle appliquée dans les zones d'émission de la BEAC et de la BCEAO avant les dernières réformes : le total des crédits accordés par la Banque à l'État « *ne peut pas dépasser 15 % de la moyenne annuelle des recettes ordinaires de la République recouvrées au cours des 3 exercices budgétaires précédents* » (B.C. Comores

1979-2, art. 17) ; la durée des effets représentatifs de crédits à moyen terme réescomptables était fixée à 7 ans ; les règles de fonctionnement du compte d'opérations ouvert à la Banque centrale des Comores étaient strictes et ne laissaient aucune latitude aux autorités comoriennes dans la gestion de leurs avoirs extérieurs.

b) *A de nombreux égards, la réglementation appliquée par la Banque centrale des Comores depuis février 1988* (44) est similaire à celle mise en œuvre par la BEAC et la BCEAO. Ce rapprochement concerne, en particulier, la gestion des avoirs extérieurs et les modalités de fonctionnement du compte d'opérations — une garantie de change ayant été accordée pour les dépôts effectués sur ce compte —, les avances octroyées à l'État, le réescompte des crédits à moyen et long terme.

La principale différence entre la Banque centrale des Comores et les autres Banques centrales de la zone franc réside dans le contrôle que la France continue d'exercer sur les décisions du conseil d'administration en désignant la moitié de ses membres, alors que « *les délibérations doivent être adoptées à la majorité absolue des membres du conseil d'administration* » (avenant du 29 avril 1987, art. 18).

Pays disposant de peu de richesses naturelles, pays de petite dimension n'ayant pas eu durant la période coloniale son propre Institut d'émission, les Comores demeurent, de fait, placées sous tutelle française en matière monétaire. Cette situation s'explique, en partie, par des motifs liés à l'extrême pauvreté de ce pays et à ses difficultés financières ; elle résulte, également, de la non-appartenance des Comores à un sous-système régional de la zone franc susceptible d'atténuer l'incidence d'éventuels déséquilibres nationaux sur la gestion de la monnaie commune.

2. A la suite du référendum du 11 avril 1976, l'île de Mayotte est demeurée française et a été dotée du statut spécifique de « *collectivité locale à statut particulier* » ; ce statut a été prorogé pour une durée indéterminée, en décembre 1984. Au plan monétaire, le franc CFA a été remplacé par le franc français, émis par l'Institut d'émission d'outre-mer intervenant comme correspondant de la Banque de France.

C. Les TOM-DOM français ou les vestiges de la zone franc coloniale

Dernières colonies françaises dispersées dans le monde, les départements et territoires français d'outre-mer disposent de deux Instituts d'émission spécifiques : les Instituts d'émission des DOM et d'outre-mer, créés respectivement en 1959 et en 1967. Le schéma 7 (p. 162) met en évidence les principales étapes de l'évolution intervenue depuis la Seconde Guerre mondiale dans l'organisation monétaire de l'outre-mer. La distinction entre territoires et départements d'outre-mer est plus marquée au niveau des statuts politiques que des régimes monétaires (45) : la départementalisation promue au cours des années 1970 par les autorités françaises s'est traduite, dans de nombreux domaines, par une extension aux DOM des législations métropolitaines, alors que chaque TOM a été doté d'un statut particulier qui définit les compétences respectives de l'État français et des conseils de gouvernement désignés par les assemblées territoriales élues.

1. Au plan monétaire, les différences sont minimes entre les TOM et les DOM : tant les statuts que les modalités de fonctionnement des deux Instituts d'émission sont proches ; le directeur général de la CCCE est simultanément chargé de diriger les deux organismes ; il remplit ces fonctions sous la tutelle de deux conseils de surveillance composés, en majorité, de représentants métropolitains et présidés, de droit, par le gouverneur de la Banque de France.

Le fonctionnement de chaque Institut d'émission satisfait aux quatre règles constitutives de la zone franc :

a) *La fixité des parités* : le franc français a cours légal dans tous les DOM depuis 1975 ; les autorités françaises ont harmonisé en 1973 et 1975 le statut politique et le régime monétaire de ces colonies ; le franc CFP circule dans les TOM ; sa parité avec le franc français est fixe ... et inchangée depuis la fin de l'expérience des francs coloniaux (46).

b) *Les transferts de capitaux* sont libres entre les TOM, les DOM et les pays membres de la zone franc.

SCHEMA 7 - REGIME MONETAIRE ET STATUT POLITIQUE DES TOM ET DOM FRANCAIS [1945-1989]

TERRITOIRES	STATUT POLITIQUE	INSTITUT D'EMISSION	MONNAIE	APPARTENANCE A LA ZONE FRANC [juin 1989]
- TERRES AUSTRALES ET ANTARCTIQUES FRANCAISES	Territoire français disposant d'une autonomie administrative et financière (6-8-1955)	BANQUE DE FRANCE	FF	+
- GUADELOUPE - GUYANE - MARTINIQUE - REUNION	DOM (19-3-1946)	CCCE I d'E des DOM (17-1-1959) (Correspondant de la Banque de France)	FF	+ + + +
- SAINT-PIERRE-ET-MIQUELON	TOM DOM (19-7-1976) Collectivité territoriale (11-6-1985)	I d'E d'OM (1-1-1973) I d'E des DOM (1-1-1978)	FCFA (1946) FF (1-1-1975) FF (1-1-1973)	+
- NOUVELLE-CALEDONIE - POLYNESIE FRANCAISE - WALLIS ET FUTUMA	TOM (Loi-cadre 1956)	B. de L'INDOCHINE I d'E d'OM (1-3-1967)	FCFP (1946)	+ + +
- MAYOTTE	(=COMORES) Collectivité territoriale (24-12-1976)	(=COMORES) I d'E d'OM (23-2-1976) (Correspondant de la Banque de France)	(=COMORES) FF (23-2-1976)	+
- COMORES	TOM(25-7-1946) Indépendance(6-7-1975)	B.de MADAGASCAR et des COMORES I d'E des Comores (1-1-1975) BC des Comores (23-11-1979)	franc malgache FCFA (1-1-1975) Franc Comorien (23-11-1979)	+
- DJIBOUTI	TOM(1-1-1949) Indépendance(27-6-1977)	B. de L'INDOCHINE T.P. français (20-3-1949) T.P. Djibouti (9-8-1977)	franc français franc Djibouti (1949) (1) (1 DTS = 235 FD)	- (1949)
- VANUATU (ex-Nouvelles-Hébrides)	Condominium franco-britannique(6-8-1914) Indépendance (30-7-1980)	B. de L'INDOCHINE I.d'E d'OM et B.d'Australie (1-3-1967) B.C. de Vanuatu (1-1-1981)	$ australien et franc néo-hébridais Vatu (1-1-1981) (1) (1 DTS = 142 vatus)	-

(1) fev. 1989 - IFS, IMF

SOURCES : Textes régissant les Instituts d'émission et publiés au Journal officiel (République française)

c) *Les réserves de change* des deux Instituts d'émission sont déposées sur des comptes d'opérations ouverts auprès du Trésor français et susceptibles de devenir débiteurs pour des montants illimités (47) ; le fonctionnement du compte ouvert au nom de l'Institut d'émission d'outre-mer garantit la convertibilité externe du franc CFP.

d) *Les dispositions du contrôle des changes français* s'appliquent simultanément en métropole et dans les TOM et DOM.

Les deux Instituts d'émission exercent trois fonctions principales :

« — *émettre de la monnaie, dans la mesure où l'économie le requiert ;*

— *accorder des crédits aux banques, essentiellement par le réescompte ;*

— *assurer la liberté des transferts de fonds entre les DOM [et les TOM] et la métropole* » (M. Leduc, 1965, p. 366).

En outre, chaque Institut d'émission peut prendre des participations sur ses fonds propres dans des organismes ou des entreprises présentant un caractère d'intérêt général pour les territoires où il assure le service de l'émission ; chaque Institut est également chargé de centraliser les risques bancaires dans sa zone d'émission.

Les Instituts d'émission des DOM et d'outre-mer sont soumis à des règles de fonctionnement plus strictes que les autres instituts d'émission de la zone franc ; les réglementations en vigueur sont encore proches de celles appliquées en Afrique centrale et de l'Ouest avant 1960. La tutelle monétaire métropolitaine s'exerce sur l'outre-mer à travers les conseils de surveillance des instituts d'émission ; ces conseils arrêtent notamment, en dehors de toute norme statutaire, le volume des effets réescomptés et celui des avances consenties sur effets publics ; ils fixent les taux applicables aux opérations des instituts d'émission qui ne disposent, par ailleurs, d'aucune autonomie dans la gestion de leurs avoirs extérieurs. Les TOM et DOM dépendent d'Instituts d'émission communs dont certaines options sont directement liées à la politique monétaire française, en particulier en matière de rémunération des dépôts bancaires et de réglementation des réserves obligatoires.

2. Malgré des réformes à caractère social et diverses mesures prises — parfois ponctuellement — afin de promouvoir le développement de l'outre-mer, la dépendance économique des colonies françaises envers leur métropole s'est renforcée depuis deux décennies. La situation actuelle se fonde sur le maintien de structures économiques trop souvent désuètes et de type colonial, notamment au niveau de l'organisation des circuits de commercialisation : « *Le système de commerce d'import-export et du commerce local conserve des habitudes et des structures peu évoluées, trop traditionnelles, en partie héritées de l'économie de traite. Il a favorisé une économie de consommation parfois déraisonnable* » (Commissariat général du plan, 1976, p. 14). Les statistiques du commerce extérieur font apparaître un déficit croissant des échanges de l'outre-mer avec l'extérieur et avec la France (48).

La situation des finances publiques des TOM et DOM met en évidence la dépendance financière de l'outre-mer à l'égard de la France. Dans le budget des DOM pour l'exercice 1987, près de 50 % des recettes affectées au fonctionnement provient de concours de l'État français (69 % à la Réunion) (49) ; le total de l'aide publique française apportée à ces départements représente, chaque année, environ six fois leurs ressources propres ; pour les TOM, l'aide française est moins massive ; elle s'élève cependant, en moyenne, au double des ressources de ces territoires. L'aide versée aux TOM-DOM permet à ceux-ci de disposer de revenus par habitant élevés, par rapport à ceux de la plupart des pays africains de la zone franc, mais masque la dégradation de leur situation économique et leur sous-développement : « *[ils] sont petit à petit devenus des enclaves sans ressources propres, suspendues à "l'assistance" de la métropole. Les importations ont chassé les productions. L'ensemble des équilibres agricoles ou semi-industriels des territoires s'est trouvé comme pulvérisé par le système des importations subventionnées. Ainsi, par un cruel paradoxe, chacun des départements devenait sans cesse un peu plus pauvre à mesure que ses habitants devenaient "riches"* » (J.C. Guillebaud, 1976, p. 71 ; voir, également, J.L. Mathieu, 1988 et G. Jarnac, 1987).

Un secteur agricole en déclin, une insuffisance des investissements productifs, une croissance plus rapide de la consommation que de la production, un accroissement continu du chômage et de l'émigration vers la métropole caractérisent l'évolution économique récente de l'outre-mer français. Alors que depuis de nombreuses années le revenu national par habitant des TOM-DOM a été maintenu à un niveau artificiellement élevé par rapport à celui des pays voisins, grâce, essentiellement, aux transferts sociaux et à l'aide française, diverses réformes ont été entreprises ; elles n'incluent, jusqu'à présent, aucun volet monétaire. Les particularismes locaux et les différences de développement entre colonies, l'évolution récente des statuts de plusieurs d'entre elles, plaident en faveur d'aménagements à apporter au système monétaire en vigueur : en disposant au sein de chaque Institut d'émission de pouvoirs monétaires accrus, chaque TOM et DOM pourrait exercer une responsabilité plus marquée sur l'utilisation des instruments monétaires, et par contrecoup, sur la promotion de son développement.

*
* *

Les réformes réalisées dans le cadre de la zone franc depuis 1972 se sont traduites par une redistribution partielle des pouvoirs de décision en faveur des pays africains : tout en cautionnant une relative décentralisation, la France a accepté de procéder à des aménagements qui ne remettaient pas profondément en cause l'organisation et le fonctionnement du système monétaire commun ; si, désormais, dans de nombreux cas, l'ancienne métropole n'est plus en mesure de s'opposer à la volonté unanime de ses partenaires ou à certains choix nationaux, pour l'essentiel, le respect des grands principes constitutifs de la zone franc n'a pas été remis en cause. En acceptant une adaptation des statuts des banques centrales et en assouplissant les règles de fonctionnement les plus coercitives de la zone franc, la France a maintenu une étroite cohésion monétaire dans cet ensemble, alors que les autres zones monétaires coloniales se désagrégeaient, et que le système monétaire international était en crise.

L'africanisation des banques centrales de la zone franc a permis aux pays membres de la BCEAO et de la BEAC de disposer, collectivement, de pouvoirs monétaires plus importants ; la participation de ces deux Banques au financement du développement a été renforcée, notamment pour l'octroi de crédits à l'État et à l'économie, puis a été complétée par les interventions des banques régionales de développement. Dorénavant, l'application de certaines règles rigides de fonctionnement par les Banques centrales relève de la seule appréciation de leur conseil d'administration : la représentation française ayant été réduite dans ces conseils, en de nombreuses circonstances, les partenaires de la France définissent leur politique monétaire avec une liberté accrue. Les réformes de 1972-1973 ont simultanément contribué à harmoniser les statuts et les règles de fonctionnement de la BCEAO et de la BEAC.

Malgré les aspects positifs — et parfois novateurs — de l'évolution observée depuis 15 ans dans l'organisation monétaire de la zone franc, des contraintes externes continuent de peser sur la gestion de chaque Banque centrale. Ces contraintes apparaissent, en particulier, en période de tension, lorsque la situation monétaire se dégrade au plan régional ; de même, la garantie monétaire liée aux comptes d'opérations a été réaménagée, mais plusieurs critiques formulées à son encontre conservent une certaine portée.

Les réformes entreprises en 1972-1973 dans la zone franc s'apprécient par rapport à deux types d'objectifs : le premier se rapporte à une décolonisation monétaire progressive des anciens territoires français d'outre-mer ; le second concerne le rôle de l'intégration monétaire comme support d'une intégration économique régionale. Ces réformes doivent être poursuivies afin de particulariser le processus d'intégration monétaire engagé par ces pays en développement, et afin de rendre, dans ce contexte, chaque membre de la zone franc plus responsable de la gestion de la monnaie circulant sur son territoire. A de nombreux égards, la zone franc doit être encore réformée : en 1972-1973, *« un pas en avant a été réalisé, mais à quand le prochain ? »* (M. Diarra, 1973).

NOTES

(1) Propositions formulées par le président Senghor pour l'Afrique de l'Ouest :
« * *Substitution de la majorité des deux tiers à la règle de l'unanimité pour les décisions importantes de la Banque.*
* *Élargissement des compétences des comités monétaires nationaux.*
* *Accroissement des concours de la Banque aux Trésors nationaux.*
* *"Africanisation" accrue des cadres de la Banque* » (*Le Monde*, 19 décembre 1972).

(2) Depuis cette réforme, l'appellation « Afrique centrale » a été substituée à celle d'« Afrique équatoriale ».

(3) M. YONDO, ministre camerounais des Finances, emploie le terme d'union monétaire pour désigner l'ensemble monétaire régional auquel adhère son pays : « *Le Cameroun appartenant à une union monétaire groupant cinq États africains, toute proposition tendant à une modification du système actuel ne peut résulter que d'une concertation entre les cinq États* » (*Cameroon Tribune*, 26 mars 1976). Certains auteurs assimilent les deux groupements monétaires régionaux de la zone franc : « *Les deux unions monétaires d'Afrique de l'Ouest et d'Afrique centrale, les seules à avoir survécu aux indépendances, et citées même à l'étranger comme des modèles du genre...* » (K. YANSANE, *Le Monde*, 23 septembre 1980).

(4) BCEAO, *NIS*, Situation de la Banque centrale. Au 30 septembre 1987, le capital de la BCEAO s'élevait à 39,4 milliards de FCFA et ses réserves à 109,7 milliards de FCFA (BCEAO, Rapport 1987).

(5) La somme des postes capital et réserves de la BEAC s'est élevée de 2,0 milliards de FCFA en décembre 1973 à 203,5 milliards de FCFA en septembre 1988.

(6) En Afrique de l'Ouest, « franc de la communauté financière africaine » ; en Afrique centrale, « franc de la coopération financière en Afrique centrale ». Sur l'histoire du franc CFA, voir P. NEURISSE, 1987.

(7) La France et les pays de cette union « *se consulteront, dans toute la mesure du possible, au sujet des modifications qu'ils se proposeront d'apporter à la définition de leur monnaie et aux conditions de négociation de celle-ci sur les marchés des changes* » (BCEAO, 1973-1 et -3).

(8) Ces dispositions sont peu contraignantes pour la France :

* En Afrique centrale, « *dans la mesure du possible, toute modification de la parité entre le franc français et les monnaies étrangères fera l'objet, à l'initiative du gouvernement français, d'une consultation entre la France et les États membres* » (BEAC, 1976-2).

* En Afrique de l'Ouest, une telle consultation est également prévue ; en outre, « *la République française tiendra informé le conseil des ministres de l'Union de l'évolution de la situation du franc français sur les marchés des changes et de toute question monétaire d'intérêt particulier pour l'Union* » (BCEAO, 1973-3).

(9) Sur les variations du franc par rapport au dollar de 1971 à 1985,

voir P. NORTHEN (*Le Monde*, 14 février 1985) et le tableau I (supra, p. 63).

(10) Sur l'évolution des principaux postes de la balance des paiements des pays africains de la zone franc, voir H. GERARDIN, 1986-1, pp. 399-403 et 656-659.

(11) Depuis 1976, le mécanisme décrit ne s'applique plus dans sa totalité aux échanges réalisés par les membres de la zone franc avec leurs partenaires des chambres de compensation régionales. Voir BCEAO, *NIS*, n° 363, août-sept. 1987 et H. GERARDIN, 1986-1, pp. 699-703.

(12) Si l'entreprise exportatrice achète ses produits à des petits producteurs, elle devra payer ses achats immédiatement ; afin d'effectuer ces règlements, la SGBC pourra lui accorder un crédit de campagne, ou l'entreprise obtiendra, sous certaines conditions, un crédit à l'exportation à un taux bonifié par l'État camerounais.

(13) En 1966, année exceptionnelle, et dernière année pour laquelle des statistiques ont été publiées par le secrétariat du Comité monétaire de la zone franc sur les transactions en monnaies convertibles des pays de la zone franc, les entrées de devises dans cette zone dues aux États africains et malgache se sont élevées à 1 218 millions de FF, alors que le solde résultant des entrées et des sorties de devises pour l'ensemble de la zone n'atteignait que 1 220 millions de FF. (Soldes en millions de FF : Maghreb + 144 ; France + 221 ; Mali + 49 ; TOM et DOM - 412.) Sources : C.M. zone franc, 1966.

(14) En Afrique de l'Ouest, « *la Banque centrale versera au compte d'opérations les disponibilités qu'elle pourra se constituer en dehors de sa zone d'émission, exception faite :*

1) des sommes nécessaires pour sa trésorerie courante ;

2) des sommes nécessaires à l'exécution des obligations contractées par les États de l'UMOA à l'égard du FMI ;

3) des sommes que le conseil d'administration déciderait de déposer en comptes courants libellés en devises auprès de la BRI ou des Instituts d'émission étrangers ou d'employer à la souscription de bons négociables, à deux ans au plus d'échéance, libellés en monnaies convertibles, émis par les institutions financières internationales dont la vocation dépasse le cadre géographique de l'UMOA et auxquelles participent les États membres de cette dernière ; le montant cumulé des sommes ainsi déposées en devises ou employées à la souscription de bons libellés en devises autres que le franc français ne pourra excéder 35 % des avoirs extérieurs nets de la Banque centrale, à l'exclusion de la position tranche or du FMI des États membres de l'UMOA et des DTS détenus par eux » (BCEAO, 1973-4).

(15) « *Le montant moyen des fonds en dépôt au cours de chaque trimestre sera assorti d'un taux d'intérêt égal à la moyenne arithmétique des taux d'intervention de la Banque de France sur effets publics au plus court terme pendant le trimestre considéré* » (BCEAO, 1973-4 ; BEAC, 1976, p. 26).

(16) « *Chaque jour est établi le gain ou la perte, par rapport au jour*

antérieur, enregistré sur la valeur des réserves de la veille, en fonction de l'évolution du cours du franc français par rapport au DTS *;*

— ces gains ou pertes sont retracés dans un compte annuel qui en fait apparaître le montant cumulé ;

— au 31 décembre de chaque année, si le montant cumulé fait apparaître une perte, le compte d'opérations est crédité du montant de celle-ci et le compte des gains et pertes cumulés est simultanément soldé ; si le montant cumulé fait apparaître un gain, celui-ci constitue le point de départ du compte des gains et pertes cumulés de l'année suivante » (P. et S. GUILLAUMONT, 1984, p. 75).

(17) Les intérêts sur compte d'opérations ont représenté un pourcentage moyen de 43,3 % de l'ensemble des produits financiers de la BEAC, entre 1970 et 1987.
En Afrique de l'Ouest, ce pourcentage moyen a été plus important (47,4 %) pour la période 1962-1980, mais il a fortement diminué depuis la réforme de 1973 ; de 1980 à 1985, le compte d'opérations de la BCEAO a été débiteur et cette Banque centrale a versé des intérêts au Trésor français. A la suite de la chute des avoirs extérieurs de la BCEAO depuis 1979, les intérêts compensatoires perçus auprès des États membres « *au titre d'une insuffisance des disponibilités extérieures* » ont rapidement augmenté : de 3,6 % des produits bruts de la BCEAO pour l'exercice 1978-79, ils sont passés à 20,3 % (1979-80), puis à 31,5 % (1983-84). (Sources : BCEAO, Rapports annuels.)
La somme des autres produits (intérêts sur compte d'opérations exclus) s'est accrue régulièrement dans les deux zones d'émission, en dépit de différences marquées par produits.

Répartition des produits financiers — Afrique centrale [1979-1987]

en %

Nature des produits	1979-80	81-82	86-87
Placements en bons BAD et dépôts BRI	3,1	3,2	- 9,5
Intérêts encaissés sur le compte d'opérations	31,6	74,6	34,7
Agios encaissés sur les concours aux Trésors nationaux	13,0	- 4,2	15,1
Agios encaissés sur les concours au système bancaire	48,3	25,7	57,4
Commission de transfert, de change et divers	4,0	0,7	2,3

Sources : données brutes, BEAC, Rapports d'activité.

(18) Les intérêts réglés par la BCEAO au Trésor français, au titre du découvert en compte d'opérations, ont représenté 13,9 % puis 18,4 % des charges totales de la BCEAO pour les exercices 1980-1981 et 1983-1984 (voir tableau VIII, p.140).

(19) En Afrique de l'Ouest, avant d'effectuer le ratissage des devises, la BCEAO « *incitera les États membres de l'Union à user de leurs droits de tirage auprès du FMI ou à échanger contre devises les DTS détenus par eux* » (BCEAO, 1973-4).

(20) Les mesures prises ne peuvent être rapportées qu'à la majorité des trois quarts des membres du conseil d'administration de la BEAC, cette majorité étant des sept huitièmes en Afrique de l'Ouest.
En Afrique de l'Ouest, les nouveaux statuts ne font plus référence à un rapport inférieur à 10 % ; toutefois, tant que ce rapport demeure égal ou inférieur à 20 % au cours de 3 mois consécutifs, certaines décisions du conseil d'administration, relatives aux opérations d'escompte ou de réescompte des effets publics à 10 ans d'échéance et à des prises de participation par la BCEAO au capital d'institutions financières communes de développement, doivent être arrêtées à l'unanimité (BCEAO, 1973-2, art. 51 et 52).

(21) Les nouveaux statuts de la BCEAO ne font plus référence à des dispositions de ce type ; les dispositions qui figuraient dans les statuts de la BCEAO de 1962 étaient toutefois plus contraignantes que celles acceptées en 1972 par les États d'Afrique centrale. Voir supra p. 102.

(22) A l'exception des crédits de campagne qui sont réescomptés sans limite par la BCEAO, ces crédits étant liés au volume des récoltes.

(23) « *La Banque centrale peut escompter, acquérir, vendre, prendre en pension ou en gage des créances sur les États de l'Union, les entreprises et particuliers dans les conditions définies par le conseil d'administration. La Banque centrale peut acheter, vendre ou prendre en pension les effets ou les valeurs dont la liste est arrêtée par le conseil d'administration* » (BCEAO, 1973-2, art. 10).

(24) En 1976, ce montant minimum fut fixé à 100 millions de FCFA en Côte-d'Ivoire et au Sénégal et à 30 millions dans les autres États (BCEAO, 1976, p. 4).

(25) « *Les refinancements consentis ne pourront excéder 35 % des emplois de chaque banque, étant précisé cependant que les crédits de campagne ne sont pas pris en considération et que des dépassements peuvent être autorisés au titre des crédits bénéficiant de l'aval de l'État.* » Les crédits accordés aux petites et moyennes entreprises nationales doivent être refinancés en priorité et bénéficient d'un taux d'escompte préférentiel (BCEAO, 1976, pp. 4-5).

(26) « *Les comités nationaux peuvent fixer, pour certains secteurs d'activité, des coefficients d'emplois obligatoires pour les banques ; ils peuvent imposer à ces dernières d'affecter une part de leurs financements aux besoins d'entreprises nationales, et de subordonner l'accès d'entreprises étrangères au crédit à des conditions sélectives.*

Chaque comité national fixe le montant des encours de crédit de toute nature, consentis à une même entreprise à partir duquel l'octroi de concours par les banques et établissements financiers est subordonné à son autorisation préalable » (J. ALIBERT, 1975, pp. 6-7). En cas de non-respect de ces orientations, le conseil des ministres de l'UMOA peut imposer aux banques la constitution de dépôts obligatoires, rémunérés ou non.

(27) Les étapes décrites s'inscrivent dans un modèle de projection élaboré avec le concours du FMI (BCEAO, 1979 ; P. KOUAME, 1984, pp. 502-516).

1) Le Conseil des ministres arrête des directives de politique monétaire et de crédit par État et pour l'UMOA ; il fixe, en particulier, des objectifs d'avoirs extérieurs, « *la contrainte extérieure étant l'élément déterminant de la politique de la monnaie et du crédit* » (P. KOUAME, 1984, p. 512).

2) Des prévisions sont réalisées sur les agrégats « non monétaires » : PIB au prix courant, position nette des gouvernements, balance normative des paiements.

3) Des projections sur les agrégats monétaires (taux de liquidité de l'économie, évolution de la circulation fiduciaire) permettent d'obtenir le montant des concours globaux et d'en déduire celui du crédit intérieur.

(28) Cette durée avait été fixée à 5 ans en 1962 dans les deux zones d'émission, puis à 7 ans en 1970, après l'adoption d'une nouvelle réglementation en France, dans ce domaine, en 1966 ; elle fut portée à 10 ans, en 1973, en Afrique de l'Ouest et en 1974 en Afrique centrale.

En Afrique centrale, les opérations financées sous cette forme doivent « *avoir pour objet le développement des moyens de production et la construction d'immeubles sous réserve de l'appréciation de la rentabilité de ces opérations et de leur compatibilité avec les objectifs généraux du plan de développement du ou des États membres intéressés* » (BEAC, 1976-3, art. 19).

(29) En Afrique de l'Ouest, la part de l'investissement refinançable auprès de la BCEAO s'élève, au maximum, à 90 % pour une petite ou moyenne entreprise nationale,

90 %, pour une construction immobilière à caractère social,
30 %, dans certains cas, pour les constructions non sociales,
75 %, pour le développement de la production agricole,
65 %, pour le développement de la production industrielle,
50 %, dans tous les autres cas (BCEAO, 1976, p. 6).

(30) Ces effets doivent avoir moins d'un an à courir en Afrique de l'Ouest et moins de six mois à courir en Afrique centrale.

(31) Ces opérations doivent, au préalable, avoir fait l'objet d'une inscription au budget de l'État ou de la collectivité émettrice.

En Afrique de l'Ouest, ces effets peuvent être présentés par les États, les collectivités publiques, la Banque ouest-africaine de développement, les banques ou établissements financiers de l'UMOA.

En Afrique centrale, ces opérations doivent être comprises dans les limites fixées par le conseil d'administration au plafond des effets représentatifs de crédits à moyen terme.

(32) En Afrique centrale, « *la BEAC peut, sur ses fonds propres, participer à toute institution financière des États membres destinée à bonifier les intérêts sur les emprunts internationaux, à permettre des financements à long terme des projets économiques et à faciliter la mobilisation de l'épargne dans les pays membres* » (BEAC, 1976-3).

La BCEAO et la BEAC ont ainsi activement participé à la constitution de banques de développement régionales dans leur zone d'émission : la Banque ouest-africaine de développement [BOAD] et la Banque de développement des États de l'Afrique centrale [BDEAC] ont été respectivement créées en 1973 et 1976 ; voir E. DERANT LAKOUE, 1980.

(33) Deux ministres représentent chaque État à ce conseil qui se réunit au moins deux fois par an et dont le président est choisi pour deux ans, à tour de rôle, parmi les ministres des Finances.

(34) Le gouverneur de la BCEAO est nommé pour une période de six années ; il est assisté d'un vice-gouverneur nommé par le conseil d'administration pour une période de 5 ans ; depuis 1982, ces deux mandats sont renouvelables.
Les premiers gouverneur et vice-gouverneur africains de la BCEAO ont été nommés, respectivement, le 15 décembre 1974 et le 3 mai 1975.

(35) Depuis le 1er avril 1978, la BEAC est dirigée par un gouverneur et un vice-gouverneur africain. La durée des mandats du gouverneur et du vice-gouverneur est fixée pour une période de cinq ans, renouvelable.

(36) De 1974 à 1978, le nombre de cadres français en poste à la BEAC est passé de 49 à 26, alors que l'effectif de la Banque s'élevait de 613 à 680 agents (BEAC, Rapports d'activité).

En Afrique de l'Ouest, au 30 septembre 1980, « *la relève des agents de la coopération technique par des agents d'encadrement nationaux était pratiquement chose faite, les premiers ne représentant plus que 3,6 % du personnel d'encadrement contre 8,3 % deux ans plus tôt* » (BCEAO, Rapport annuel 1980, p. 164).

(37) Chaque comité national se compose du ministre des Finances — qui en assure de droit la présidence —, des deux représentants nationaux au conseil d'administration de la BCEAO et de quatre membres choisis par le gouvernement.

(38) Chaque comité regroupe le, ou les administrateurs nationaux de la BEAC et trois personnalités nommées par le gouvernement ; depuis 1972, hormis au Cameroun, les membres des comités nationaux ne font plus partie, en majorité, du conseil d'administration de la Banque centrale.

(39) La parité entre la monnaie malienne et la monnaie française est demeurée inchangée de 1967 à 1984 : 1 F malien = 0,01 F français.

(40) Les réformes effectuées en 1972-1973 en Afrique centrale et en Afrique de l'Ouest n'ont pas provoqué de modifications dans les statuts de la Banque centrale du Mali.

(41) Fait unique dans l'histoire de l'Afrique francophone, les Comores ont unilatéralement déclaré leur indépendance, le 6 juillet 1975, afin de s'élever contre le soutien apporté par la France à l'île de Mayotte qui désirait demeurer française ; cette indépendance fut reconnue par la France le 8 février 1976 ; deux coups d'État (1975 et 1978) provoquèrent la révision des accords de coopération avec la France, mais ne remirent pas en cause l'appartenance de ce pays à la zone franc.

(42) Cet Institut mit en circulation, à compter du 1er janvier 1975, des

francs CFA, comme le faisait la Banque de Madagascar et des Comores auparavant.

(43) La monnaie émise par la Banque centrale des Comores est le franc comorien (1 F comorien = 1 F CFA = 0,02 FF).

(44) Avenant du 29 avril 1987 à l'accord de coopération monétaire du 23 novembre 1979 entre le gouvernement de la République française et le gouvernement de la République fédérale islamique des Comores (JORF, 1er avril 1988, p. 4347) ; ce nouvel accord est entré en vigueur le 11 février 1988.
Au plan institutionnel, le capital de la Banque centrale des Comores a été augmenté de 300 à 500 millions de francs comoriens ; l'administration de la Banque centrale est désormais assurée par un gouverneur et un vice-gouverneur dont les attributions nouvelles traduisent un premier renforcement des pouvoirs détenus par les autorités comoriennes en matière monétaire.

(45) Comme la France métropolitaine, les DOM font partie intégrante de la CEE ; les TOM ont le statut de « territoire associé » à cette communauté.

(46) Supra p. 62. Depuis la réforme du 1er janvier 1975, les mêmes signes monétaires ont cours en métropole, dans les DOM et à Saint-Pierre-et-Miquelon ; les Instituts d'émission des DOM et d'outre-mer (pour Mayotte) interviennent comme « correspondants de la Banque de France et pour le compte du Trésor français ».

(47) Sur l'évolution de ces dépôts, voir H. GERARDIN, 1986-1, p. 673.

(48) Le taux de couverture des importations par les exportations a globalement chuté, de 1960 à 1987, de 67 % à 13 % pour les DOM, de 134 % à 36 % pour la Nouvelle-Calédonie, de 69 % à 7 % (1986) pour la Polynésie et il n'atteint que 7 % à Mayotte en 1986. Le taux de couverture des échanges avec la France a suivi, au cours de cette même période, une évolution similaire ; la France demeure le premier partenaire commercial de la plupart de ses colonies dont le commerce extérieur se diversifie cependant progressivement et dégage un solde déficitaire croissant avec la métropole : de 1960 à 1987, les taux de couverture des échanges avec la France sont passés de 80 % à 12 % pour les DOM, de 197 % à 30 % pour la Nouvelle-Calédonie et de 67 % à 8 % (1986) pour la Polynésie.

La part des exportations des DOM vers la France a diminué de 89 % (1960) à 64 % (1987) ; la part de la France dans le total des importations des DOM s'est simultanément réduite de 75 % à 66 %. (Sources des données brutes : C.M. zone franc).

(49) Les budgets d'équipement sont principalement financés par des subventions d'équipement et des emprunts.

CONCLUSION

La zone franc et l'intégration monétaire

Afin de situer la zone franc dans le temps et dans l'espace par rapport aux autres groupements d'intégration monétaire, il convient , en premier lieu, de préciser les composantes de cette forme d'intégration. La portée historique de la zone franc sera examinée ensuite, par référence à l'évolution des zones monétaires coloniales. Un tableau de synthèse permettra, enfin, d'établir une typologie des groupements de cette nature.

A. DE LA ZONE MONÉTAIRE À L'INTÉGRATION MONÉTAIRE

I. L'évolution du concept de zone monétaire

1. Dans une acception extensive, qui reflète les relations économiques et monétaires de l'entre-deux-guerres, *« on appelle communément zone monétaire une association plus ou moins rigide de pays ayant des intérêts économiques communs et entre eux des liens plus étroits qu'avec le reste du monde »* (Anonyme, *Cahiers français*, 1965, p. 1). Par son organisation et les conditions présidant à son fonctionnement, la zone sterling s'est longtemps

inscrite dans cette définition, avant de se décomposer au cours de la dernière décennie. La zone dollar rassemble des pays dont la monnaie a un taux de change établi par rapport à celui de la monnaie des États-Unis, ou qui utilisent directement cette monnaie (1) ; toute concertation est absente de cet ensemble monétaire, où aucune politique monétaire commune ne s'applique ; fonctionnant de fait, ce groupement monétaire correspond à « une zone d'influence du dollar ».

2. Après la Seconde Guerre mondiale, la plupart des colonies ont accédé à l'indépendance. Cette nouvelle donne politique a provoqué des changements au niveau de chaque zone monétaire, considérée comme « *un ensemble constitué, à la suite d'un accord formel ou en conséquence d'un état de fait, par un groupe d'États ou de territoires observant des règles particulières dans leurs relations monétaires et confiant à la monnaie du principal d'entre eux un rôle essentiel dans les règlements internes à la zone et avec le reste du monde* » (Y. Bernard et autres, 1975, p. 1162). Cette définition, recouvre, sous un terme commun, des groupements monétaires aux caractéristiques institutionnelles et aux modes de fonctionnement très différents.

3. La distinction établie par M. Lelart (1986, p. 1) entre les concepts de zone et de système monétaire permet d'appréhender l'organisation des relations monétaires propres à la zone franc, et les spécificités de ces dernières : une zone monétaire « *est un espace géographique au sein duquel une monnaie nationale est utilisée. Elle est née de pratiques, d'habitudes, de mécanismes ; elle est essentiellement une construction empirique qui s'est précisée par l'usage* ». Cette définition, compatible avec la précédente par son caractère globalisant, s'applique indistinctement à la zone dollar ou à la zone franc. Ces deux groupements se différencient lorsqu'on se réfère à la notion de système monétaire, défini comme « *un ensemble de règles fondées sur des principes bien établis et acceptés par certains pays aux termes, le plus souvent, d'un accord ratifié par tous. L'accord peut prévoir qu'une monnaie nationale aura un rôle particulier, il peut aussi prévoir la mise en place d'une*

monnaie nouvelle créée et gérée par une institution supranationale » (M. Lelart, 1985-1, p. 21).

Par l'évolution institutionnelle intervenue depuis 1960, la zone franc est devenue un système monétaire composé, au plan régional, de deux sous-systèmes. Les relations monétaires franco-africaines s'inscrivent dans un cadre général comparable à celui du système monétaire européen, nettement distinct de celui de la zone dollar. Par opposition aux autres zones monétaires, l'expression « zone franc » fait implicitement référence au « système monétaire de la zone franc ».

II. La dissociation intégration monétaire et intégration économique

L'intégration monétaire, selon une définition assez large, « *inclut non seulement le remplacement de nombreuses monnaies par une monnaie unique — intégration monétaire complète — mais également des accords par lesquels les effets de l'existence de monnaies séparées s'approchent plus ou moins des effets de l'existence d'une monnaie unique. Une intégration monétaire limitée peut ne se composer que d'une mise en commun de réserves internationales ou de l'octroi de crédits mutuels. Des formes d'intégration monétaire limitées sont concevables sans même que les taux de change des pays participants soient liés les uns aux autres* » (2) (A. Kafka, 1970, p. 135). Cette définition d'A. Kafka met en évidence l'existence de degrés dans l'intégration monétaire.

1. Au cours du processus d'intégration monétaire, les monnaies des pays partenaires doivent satisfaire successivement à des conditions de convertibilité, puis de fixité des parités, en vue de l'instauration, au cours d'une phase ultime, d'une monnaie commune. Au plan organisationnel, la gradation de l'intégration monétaire correspond à la conclusion d'accords ou d'ententes monétaires, à l'institution d'unions de compensation puis des paiements, à l'établissement d'une zone monétaire, et, en phase finale, à la constitution d'une union monétaire (3). Cette dernière se caractérise par « *l'émission d'une monnaie commune*

unique dont la circulation se fait librement entre les pays membres et par la création d'une autorité monétaire centrale chargée de regrouper les réserves de devises de tous les pays membres et de décider de la politique monétaire de l'union » (S.M. Nsouli, 1981, pp. 41-42).

Au sein de chaque zone d'émission régionale, les pays de la zone franc ont atteint, de droit ou de fait, ce stade d'intégration monétaire ; toutefois, la portée de ces groupements monétaires demeure étroitement dépendante des relations monétaires entretenues avec la France.

2. Face aux caractéristiques du système monétaire établi autour du franc français et du développement des pays africains, la théorie de la zone monétaire optimale paraît peu applicable à la zone franc (4). Plusieurs raisons sont à l'origine de ce rejet : la non-homogénéité de cette zone dominée au plan monétaire (et partiellement au plan économique) par la France ; la difficulté pour les pays africains membres d'agir sur le taux de change de la monnaie circulant sur leur territoire ; le respect des frontières héritées de la colonisation qui exclut l'éventualité d'un redécoupage des pays, susceptible de rendre optimale la zone franc ; le degré de diversification réduit des économies nationales et, globalement, la faible interdépendance économique et financière des pays africains partenaires. Les dimensions de la zone franc ne sont, cependant, pas intangibles dans l'espace ; diverses perspectives d'ouverture sont envisageables, dans un cadre africain ou eurafricain.

3. L'intégration monétaire constitue la dimension monétaire d'un processus plus vaste, celui d'intégration économique. Ce concept a reçu de nombreuses définitions (5) ; pour R. Erbes (1966, p. 11), il convient de « *réserver le terme intégration aux diverses opérations plus ou moins simultanées, mais liées et complémentaires, consistant à :*

— établir et aménager au mieux toutes les relations économiques souhaitables pour les échanges de produits, facteurs et informations entre les parties dont on projette de faire un ensemble ;

— rendre progressivement plus compatibles les projets économiques des éléments composants de l'ensemble ;

— faire converger de plus en plus ces projets vers un optimum pour l'ensemble (groupe d'objectifs sur lesquels existe un consensus dans l'ensemble considéré) ».

L'intérêt de cette définition réside dans le fait qu'elle ne réduit pas l'intégration à « *abolir les discriminations entre unités économiques appartenant à des États différents* » (B. Balassa, 1961, p. 1) ; si cette abolition doit permettre un accroissement de la rentabilité des entreprises, il est nécessaire que cette évolution « *s'accompagne des progrès économiques des populations. Tel est* — pour F. Perroux (1982, p. 71 ; voir 1966) — *l'objectif de l'intégration : la réalisation de structures telles que le développement des appareils de production et le développement des populations se soutiennent réciproquement pour qu'un appareil étendu, complexe et moderne soit au service d'une population capable de s'en servir et de le dominer* ».

4. La relation intégration monétaire - intégration économique se fonde sur des interactions dont le sens et la portée varient, notamment, suivant le contexte historique des expériences examinées et leurs finalités ; l'intégration monétaire est conçue, selon les auteurs, comme un préalable (6), une étape intermédiaire (7), ou terminale (8), du processus d'intégration économique. Le degré le plus élevé de l'intégration monétaire suppose, toutefois, une première avancée vers l'intégration économique : « *Une union monétaire est en pratique, soit un instrument d'intégration économique, soit l'un des éléments d'une union économique préexistante ; il n'y a pas d'exemple dans l'histoire contemporaine d'une union monétaire dont les membres n'aient pas en même temps fait partie d'un marché commun ; en raison du degré de coopération économique indispensable pour réaliser une union monétaire, il est vain d'étudier des plans pour l'établissement de monnaies communes dans des zones étendues où les différents pays n'ont pas fait les premiers pas vers un rapprochement de leurs économies respectives* » (J. Mladek, 1966, pp. 101-102).

5. Dans le cadre de la zone franc, les rapports économiques et monétaires entre la France et ses colonies ont été organisés par touches successives afin de favoriser la

colonisation, puis, après 1929, de faciliter, sous la pression de la crise économique et des événements politiques internationaux, la constitution d'un ensemble économique visant à l'autonomie : « *On ne peut dire si historiquement l'étroite symbiose monétaire et financière dans laquelle se sont toujours trouvés les pays de l'Union française a précédé ou suivi leur symbiose économique, laquelle est la cause, laquelle est l'effet. Elles se sont renforcées mutuellement. Ce phénomène est fondamental. Il est caractéristique de toute zone monétaire véritable. Il apparaît dans la zone franc, comme dans la zone sterling ou la zone rouble ; les liens monétaires ne peuvent aller sans les liens économiques, et vice versa, quand il s'agit des rapports d'une "économie dominante" et d'"économies dépendantes". Il se développe beaucoup plus vite à l' "âge des empires", où, voulue ou imposée, l'autarcie est une condition de survie* » (F. Bloch-Laine, 1956, p. 382).

Après les indépendances, les pays africains de la zone franc, disposant, de fait, d'une forte intégration monétaire, se sont efforcés de promouvoir leur intégration économique, sous des formes diverses ; en dépit des rapprochements intervenus entre certains pays, à un niveau fonctionnel, l'intégration économique demeure faible, car de nombreux obstacles ralentissent la réalisation de véritables unions douanières régionales.

B. LA ZONE FRANC ET LES ZONES MONÉTAIRES COLONIALES : ÉLÉMENTS DE COMPARAISON

Les principaux facteurs qui ont favorisé le maintien de la zone franc seront mis en évidence en rapprochant les caractéristiques de cette zone de celles des autres zones monétaires coloniales. Initialement, certains éléments étaient communs à toutes les zones ; simultanément, elles se distinguaient par les options politiques sur lesquelles elles se fondaient, et par l'organisation des structures monétaires qui conditionnait leur mode de fonctionnement : en 1959,

« les liaisons monétaires y sont plus ou moins étroites. Celles qui impliquent la plus grande dépendance concernent surtout la Grande-Bretagne et les colonies de la Couronne britannique. Les plus lâches unissent la Belgique au Congo belge. Les plus généreuses, celles qui témoignent le mieux de la volonté de soutenir les économies d'outre-mer, se rapportent au système appliqué dans ce qu'on appelait récemment encore l'Union française. Le régime portugais réalise une communauté monétaire relativement économe de sacrifices métropolitains » (L. Bourcier de Carbon, 1959, p. 12).

Quatre facteurs permettent d'analyser et de comparer ces zones monétaires :

I. Le degré d'homogénéité

En 1960, la zone franc était plus homogène que les autres zones monétaires. Dans la zone franc, la distinction majeure entre pays africains côtiers et sahéliens n'était pas déterminante pour la définition d'une politique monétaire commune (9) ; les membres des autres zones monétaires se différenciaient, à cette époque, plus nettement : dispersés géographiquement, ils se distinguaient, notamment, par leurs ressources naturelles et par leur poids économique et/ou démographique (10). Une comparaison zone franc — zone sterling est significative à cet égard : plusieurs des territoires britanniques les plus importants — dont l'Inde — ont accédé à l'indépendance après la Seconde Guerre mondiale, puis ont exercé, par leurs choix, une influence croissante sur l'évolution de la zone sterling ; dans le même temps, le poids économique des pays africains demeurait réduit par rapport à celui de la France dans la zone franc. Cette différence entre les deux zones était manifeste au plan monétaire, en particulier au niveau de la répartition des avoirs extérieurs ; dans la zone franc, les avoirs « franc » des pays africains n'ont jamais représenté plus du septième des réserves françaises ; dans la zone sterling, les balances sterling ont pesé considérablement, certaines années, sur les réserves britanniques. Le non-respect par tous les partenaires de la zone sterling des règles communes de fonctionnement réduisit, progressivement, la cohésion de cette zone dont l'existence fut remise en cause lorsque le rôle de la livre s'atténua au plan international.

Dans la zone escudo, la dispersion des colonies et leur difficile accession à l'indépendance expliquent leurs choix radicaux en faveur de l'autonomie monétaire. La zone peseta, composée de petits territoires disséminés, était hétérogène, de même que la zone monétaire belge qui groupait des territoires inégalement pourvus en ressources naturelles exploitables. Dans les quatre zones coloniales, l'insuffisante homogénéité des pays nouvellement indépendants a représenté un handicap difficile à surmonter pour prolonger, après la période des indépendances, le processus d'intégration monétaire.

II. L'organisation institutionnelle

Les différences traditionnelles entre la Grande-Bretagne et la France en matière de théorie monétaire ont exercé une influence prépondérante sur l'organisation des institutions monétaires, et sur la politique monétaire appliquée outre-mer : « *La tradition française a insisté sur la nature passive de la politique monétaire, sur l'importance de la stabilité des changes et sur la convertibilité (interne à la zone franc) ; la stabilité a été atteinte au prix d'un développement institutionnel et d'une expérience monétaire. Les pays britanniques, en optant pour l'indépendance monétaire, ont sacrifié la stabilité mais gagné en expérience et en institutions monétaires mieux développées* » (R. Mundell, in R. Tremblay (ed.), 1972, p. 43).

Les règles arrêtées dans la zone franc étaient aussi coercitives, mais moins strictes, que celles appliquées dans la zone sterling où les « currency boards » ont longtemps été réduits à de simples organes de conversion car « *le régime de l'émission dans les possessions anglaises était plus centralisé que dans les colonies françaises* » (X. de la Fournière, 1970, p. 194). Les premières structures monétaires régionales instituées dans la zone franc sous la colonisation avaient été dotées de faibles pouvoirs : ceux-ci furent cependant accrus lorsque des aménagements ont été apportés à l'organisation du système monétaire commun, principalement après les indépendances ; malgré des lenteurs, le processus évolutif imprimé à la zone franc a permis d'éviter une dislocation de la zone.

Dans les autres zones coloniales, l'organisation et les institutions monétaires ne répondaient pas à des impératifs politiques identiques et ne possédaient pas les mêmes traits caractéristiques : les colonies portugaises et espagnoles, considérées comme des provinces d'outre-mer, étaient administrées directement par leur métropole et soumises, pour l'essentiel, à un régime monétaire très centralisé ; par contraste, l'organisation des zones sterling et belge reposait, surtout après 1945, sur une relative décentralisation : dans ces zones, les structures monétaires d'outre-mer étaient, de droit, dotées de prérogatives monétaires.

La rigidité de l'organisation monétaire adoptée pour l'outre-mer a desservi les zones escudo et peseta dont les structures monétaires, à l'image des régimes politiques métropolitains, paraissaient figées à l'intérieur d'un cadre préétabli ; dans les deux autres zones, plus souples, les autorités ont procédé à des réaménagements, mais ceux-ci, souvent entrepris sous la pression d'événements ou à la suite de tensions politiques, ont été réalisés, pour la plupart, trop tardivement et n'ont pas réussi à conforter durablement les systèmes monétaires préexistants.

III. Le rôle de la monnaie directrice

Le franc français n'a pas tenu, au plan international, un rôle comparable à celui de la livre qui a incontestablement contribué, pendant plusieurs décennies, à donner une solide assise à la zone sterling vis-à-vis de l'extérieur. Les membres de cette zone ont longtemps bénéficié des attributions spécifiques dévolues à la livre sterling, lorsqu'elle était utilisée comme monnaie de réserve internationale. De 1939 à 1958, l'inconvertibilité des monnaies européennes renforça le pouvoir attractif de chaque monnaie directrice à l'intérieur de sa propre zone ; progressivement, le retour à la convertibilité, l'indépendance des anciennes colonies et la diversification des échanges extérieurs atténuèrent les effets de ce pouvoir, hormis cependant pour la livre qui profita, en diverses occasions, d'une confiance fondée sur son prestige passé. En d'autres circonstances, le rôle international de la livre constitua, par la suite, un facteur coercitif et destabilisant pour les membres de la zone sterling, notamment lorsque les problèmes liés à l'existence des balances sterling et à leur résorption se posèrent avec acuité.

Ces contraintes externes n'ont pas affecté dans des proportions semblables la zone franc et le franc français. Au plan de l'organisation des relations monétaires et financières internationales, la monnaie française a tenu une place plus importante que la peseta, l'escudo et le franc belge ; comme ces monnaies, le franc français a cependant été soumis à de multiples pressions extérieures, notamment par le biais des marchés des euro-monnaies (voir C. de Boissieu, 1983), même si les effets de ces pressions furent parfois atténués pour la monnaie française.

IV. La relation intégration économique-intégration monétaire

Afin d'imprimer une influence significative à la dynamique du développement des pays participants, l'intégration monétaire doit être conçue comme un relais de l'intégration économique : « *On ne peut grouper en unions monétaires que des pays qui ont rapproché leurs économies ; il n'y a pas d'union monétaire sans obligation de maintenir en permanence la cohérence du développement de tous les partenaires, sans concentration des financements* » (J. Alibert, 1969, p. 9). Au sein des zones monétaires coloniales, l'intégration économique était conçue, en priorité, par rapport aux objectifs des puissances dominantes. Dans les trois zones monétaires de plus faibles dimensions, aucun groupement économique régional ne fut créé entre pays d'outre-mer ; dans la zone sterling, plus vaste et plus homogène, seuls deux groupements disposant d'une composante monétaire et d'une composante économique continuèrent à fonctionner après les indépendances : d'une part, la Communauté de l'Afrique de l'Est, citée en exemple à la fin des années 1960 pour sa réussite, mais qui se disloqua en 1974 ; d'autre part, le groupement économique et monétaire formé autour de l'Afrique du Sud, qui résulte de l'emprise multiforme de ce pays sur ses voisins, et dont la logique intégrationniste s'apparente à celle suivie par les zones monétaires sous la colonisation.

La promotion simultanée d'une intégration économique et d'une intégration monétaire régionale plaide en faveur de la zone franc, malgré les nombreuses difficultés d'ordre politique, économique et sociologique rencontrées ; pays de petites dimensions disposant de structures et d'outils monétaires communs, les pays de la zone franc se sont efforcés, depuis leur indépendance, d'intégrer leurs économies, dans le cadre de communautés économiques régionales et de groupements d'inspiration fonctionnaliste : l'intégration monétaire constitue un facteur positif pour la mise en place d'espaces économiques sous-régionaux qui bénéficient du soutien technique et financier de la France et, sous diverses formes, de la communauté internationale.

Depuis quelques années, plusieurs groupements ont été institués entre pays en développement, en particulier en Afrique de l'Ouest, afin de promouvoir, au-delà des anciens clivages coloniaux, une intégration économique et monétaire régionale. Ces groupements se heurtent à diverses difficultés et lenteurs, notamment d'ordre administratif ; leur réussite conditionnera, à terme, la définition de nouveaux espaces économiques.

D'autres facteurs ont favorisé le maintien de la zone franc : au plan du commerce extérieur, les déficits répétés de la Grande-Bretagne à l'égard des autres membres de la zone sterling ont été, en partie, à l'origine de l'apparition des balances sterling. Au sein de la zone franc, la structure des échanges n'a pas provoqué une évolution similaire, dans la mesure où le solde des échanges commerciaux de la plupart des pays africains avec la France fut, le plus souvent, déficitaire. A l'intérieur de chaque zone, la coopération monétaire s'insérait dans une politique de coopération multiforme et aux incidences différentes selon les pays dominants : quelles que soient les critiques formulées par ailleurs à l'encontre de la politique française de coopération, sa diversité et son impact financier ont facilité l'acceptation, par les pays africains, d'une tutelle monétaire extérieure, les contraintes monétaires étant partiellement compensées par les effets de l'aide bilatérale,

SCHEMA 8 - LES REGLES CONSTITUTIVES DES ZONES MONETAIRES - ELEMENTS DE COMPARAISON [Juin 1989]

	MONNAIE							
	DOMINANTE	REGIONALE (R) ou/et NATIONALE (N) TAUX DE CHANGE						
		FIXE		FLOTTANT				
		Monnaie dominante		Unité de compte marge de fluctuation	Monnaie dominante	Unité de compte		Autres (DTS, dollar ...)
		de jure	de facto			taux de change unique	multiple	
- ZONE FRANC Stricto sensu								
. Avant 1960 (2)	(+)	+						
. 1960-1973 (2)		+						
. Après 1973 (2)		+						
- ZONE FRANC Lato sensu								
. Avant 1966 (3)			+					
. Après 1966 (3)								-
- ZONE FRANC/UMOA Après 1973 (1)		+(R)						
- ZONE FRANC/UMOA Réforme proposée (2)		+(R)				+(N)		
- ZONE STERLING								
. Avant 1950 (2)	(+)	+	+					
. 1950-1967 (2)		+	+					
. 1967-1972 (2)			+		+			
. Après 1972 (3)			+		+			-
- ZONE PESETA (2)	+							
- ZONE ESCUDO (2)	(+)	+						
- ZONE BELGE (2)	(+)		+					
- TROIS ZONES APRES DISPARITION					+			-
- ZONE DOLLAR (3)			+					
- ZONE ROUBLE (3)							+	
- ACCORDS MONETAIRES								
. Serpent CEE (1972-1978) (4)				+(N)				-(R)
. SME (Après 1978) (4)				+(N)				-(R)

	CONVERTIBILITE		AVOIRS EXTERIEURS (mise en commun)			TRANSFERABILITE		REGLEMENTATION DES CHANGES	
	garantie	non garantie	totale	partielle	nulle	illimitée	limitée	commune	nationale
– ZONE FRANC Stricto sensu									
. Avant 1960 (2)	+		+			+		+	
. 1960-1973 (2)	+		+			+		+	
. Après 1973 (2)	+			+		+		+	
– ZONE FRANC Lato sensu									
. Avant 1966 (3)		–			–	+		de + facto	de – jure
. Après 1966 (3)		–			–		–		–
– ZONE FRANC/UMOA Après 1973 (1)	+		+			+		de + factó	de – jure
– ZONE FRANC/UMOA Réforme proposée (2)	+			+		+		régionale	–
– ZONE STERLING									
. Avant 1950 (2)	+		+			+		+	
. 1950-1967 (2)	+			+		+	–	+	–
. 1967-1972 (2)	+	–		+		+	–	+	–
. Après 1972 (3)		–			–		–		–
– ZONE PESETA (2)	+		+			+		+	
– ZONE ESCUDO (2)	+			de + facto	de-jure	+		de + facto	de – jure
– ZONE BELGE (2)	+			+	–	+		de + facto	de – jure
– TROIS ZONES APRES DISPARITION		–			–		–		–
– ZONE DOLLAR (3)		–			–		–		–
– ZONE ROUBLE (3)		–		+		+	–	+	–
– ACCORDS MONETAIRES									
. Serpent CEE (1972-1978) (4)		–			–		–		–
. SME (Après 1978) (4)		–		+			–		–

Pour certains critères, la diversité des réglementations nationales justifie le classement simultané de certains groupements dans plusieurs catégories. Sur la réforme proposée pour la zone franc, voir H. GERARDIN, 1986-I, pp.510-518

alors que dans les autres zones monétaires ces effets étaient plus diffus et de moindre ampleur.

C. LES GROUPEMENTS D'INTÉGRATION MONÉTAIRE : ESSAI DE TYPOLOGIE

Les principaux éléments constitutifs des zones monétaires ont été rassemblés dans le schéma 8 (pp. 186-7), afin de faire apparaître les évolutions divergentes qui sont intervenues, au plan monétaire, dans les anciens empires coloniaux. Les traits dominants des expériences d'intégration monétaire seront examinés en classant, par rapport aux critères d'analyse précédemment retenus, les groupements monétaires les plus significatifs qui fonctionnent — de droit ou de fait — en 1989.

I. L'union monétaire correspond à la phase ultime du processus d'intégration monétaire : les pays membres disposent en commun d'une Banque centrale et utilisent une même monnaie ; ils arrêtent conjointement les options directrices de la politique monétaire qui s'applique aux partenaires de l'union ; ces groupements se caractérisent par une libre transférabilité des capitaux, une mise en commun des avoirs extérieurs et l'application, pour chaque pays, de dispositions de change identiques vis-à-vis de l'extérieur ; fondée sur le respect de règles de fonctionnement contraignantes, l'union monétaire suppose un degré d'homogénéité minimum entre les pays participants, tant au plan économique que politique. En Afrique, seule l'UMOA satisfait, pour l'essentiel, à ces conditions ; ses attributions sont toutefois limitées par le statut particulier de sa monnaie dont la convertibilité externe est assurée par l'intermédiaire du franc français. En Europe, l'Union économique et monétaire belgo-luxembourgeoise est l'unique organisation monétaire correspondant à ce type de groupement.

II. Les zones monétaires stricto sensu se différencient des unions monétaires par leur organisation et les modalités de leur fonctionnement : dans ces zones, plusieurs monnaies nationales ou régionales coexistent et s'échangent à une parité fixe avec la monnaie dominante du groupement monétaire qui garantit, généralement, leur convertibilité externe ; en matière de politique monétaire, chaque pays — ou groupe de pays — membre dispose d'une autonomie qui s'exerce, le plus souvent, à travers l'octroi des crédits à l'économie et la gestion des avoirs extérieurs. La zone franc constitue une zone monétaire stricto sensu et conserverait ce statut dans certains schémas de réforme (voir H. Gérardin, 1986-1 pp. 510-517). Après avoir quitté la zone sterling, l'Afrique du Sud a créé, en 1961, une zone monétaire de type colonial autour de sa monnaie, le rand, en imposant son système monétaire au Lesotho, au Swaziland et à la Namibie, des territoires dont l'activité économique est très tributaire de celle de leur puissant voisin (voir B. Vinay, 1978-1, p. 10).

III. Le qualificatif de zone monétaire est également employé — par extension — pour désigner trois autres types de groupements monétaires, distincts des précédents, soit par leur caractère plus informel (zones monétaires lato sensu, zones d'influence), soit par une organisation monétaire liée à la mise en œuvre d'une planification économique régionale (zone rouble).

— La zone franc lato sensu, résultant, de fait, des accords monétaires conclus entre la France et les trois pays francophones du Maghreb au moment de leur indépendance, ne constitue pas une entité monétaire spécifique : les principales règles constitutives d'une zone monétaire sont tombées en désuétude après les indépendances (supra, p. 15).

— D'autres zones monétaires représentent des zones d'influence constituées autour d'une monnaie soit prééminente au plan international (zone dollar), soit conservée comme monnaie de réserve par un grand nombre de pays (zones deutschemark et yen), soit bénéficiant d'un prestige particulier hérité du passé (zone sterling). Ces zones ne sont régies par aucun accord international officiel et se fondent, essentiellement, sur une pratique ; leur existence et leur influence résultent de l'attraction exercée par chaque monnaie, mais également du dynamisme économique des pays qui les émettent. La zone dollar qui groupe, en 1989, 36 pays dont le taux de change est établi par référence à la devise américaine constitue la zone d'influence monétaire la plus vaste dans le monde ; alors que le dollar est devenu une monnaie internationale (par son emploi courant comme moyen de paiement, comme monnaie de réserve et d'intervention, comme étalon des cotations) et que le marché des euro-dollars s'est considérablement développé depuis deux décennies, aucune institution commune ne rassemble les membres de cette zone, très tributaire des performances économiques et des politiques monétaire et budgétaire des États-Unis.

— La zone rouble, qui rassemble des pays à système socialiste, est un groupement monétaire particulier. Depuis 1963, elle repose sur des accords de clearing multilatéraux passés par les pays membres du COMECOM et dispose d'une unité de compte commune, le rouble transférable (voir, notamment, R. Grinberg et M. Ljubskij, 1986 ; P. Traimond, 1980) ; le rôle primordial réservé à la planification dans l'organisation des échanges extérieurs et l'inconvertibilité interne et externe du rouble transférable expliquent, en partie, le degré d'intégration monétaire atteint par les pays socialistes : « *Le rouble transférable, en tant qu'unité monétaire de type international, exerce d'une manière satisfaisante ses fonctions de mesure de valeur, de moyen de paiement et de moyen d'accumulation de réserves. Sa faiblesse tient à la difficulté de transformer les avoirs en marchandises. Cette difficulté résulte du système de planification bilatérale du commerce extérieur entre les pays membres du CAEM et de la tendance à équilibrer les échanges bilatéraux dans les accords annuels* » (Z. Fedorowicz, in J.L. Guglielmi et M. Lavigne, 1978, p. 63) (11). Malgré le programme d'intégration économique adopté en 1971 et plusieurs mesures prises par la suite (M. Lavigne, 1985 et 1973 ; C. Seranne et F. Lemoine, 1976), le rôle monétaire trop restreint de l'unité de compte commune dans l'espace socialiste limite les effets de l'intégration monétaire, les échanges entre partenaires du COMECOM étant encore fortement empreints de l'esprit de troc : à certains égards, la conclusion formulée par J. Marczewski (1970, p. 608) en 1970 conserve sa pertinence : *« il n'y a pas de zone rouble et il n'y a pas d'unification monétaire du COMECOM ».*

Délibérément acceptés ou fruits d'une domination extérieure, les groupements monétaires classés dans cette catégorie disposent d'un ou deux des principaux caractères constitutifs d'une zone monétaire organisée : la fixité des parités et éventuellement la libre transférabilité des capitaux. La faible cohésion des zones monétaires lato sensu et des zones d'influence d'une monnaie, la définition par les pays membres d'objectifs monétaires et économiques parfois antagonistes, et la dépendance multiforme de ces pays par rapport aux options politiques, économiques et monétaires des pays leaders mettent en évidence les limites et les insuffisances de cette forme d'intégration monétaire : « *À l'image de la zone rouble, la zone dollar est fondée sur des motifs d'influence plus sans doute que d'association. Elle exprime la prépondérance économique des États-Unis sur des territoires limitrophes. Elle n'est ni une union monétaire ni un espace protégé par un même contrôle des changes, mais un simple groupement de fait sans réserves de devises ni politique économique communes* » (M. Schlogel, 1972, p. 127).

IV. Des accords monétaires spécifiques ont été passés entre certains pays afin de promouvoir, à terme, leur intégration monétaire. Parmi de nombreux projets — parfois quelque peu mythiques — ceux arrêtés par les pays en développement tendent à donner une dimension monétaire à des rapprochements politiques et/ou économiques antérieurs. Ils se situent à un plan international (propositions des pays non alignés et du groupe des « 77 »), continental (l'intégration monétaire de l'Afrique est-elle un objectif réaliste pour l'an 2000 ? [OUA, 1980]), régional (un Fonds latino-américain de réserves a été créé en juin 1988), ou à des niveaux plus spécifiques (les propositions monétaires des pays membres de l'OPEP ; le Fonds monétaire arabe comme épiphénomène à la crise du pétrole ?).

Les Chambres de compensation de l'Afrique de l'Ouest et de l'Afrique centrale auxquelles adhèrent 13 pays de la zone franc groupent, par-delà les anciens clivages coloniaux, la plupart des pays de chaque région et constituent une première étape vers la promotion d'une intégration monétaire sous-régionale ; créés sous l'égide de l'Association des Banques centrales africaines, ces organismes représentent la seule, et timide, réponse donnée par les pays africains aux propositions formulées en ce sens par R. Triffin pour le continent africain, dès 1964. A l'instar de l'expérience européenne d'union des paiements, il est important que les pays africains dépassent leur coopération monétaire actuelle et s'engagent, avec détermination, dans un processus menant à l'instauration d'une union régionale des paiements (H. Gérardin, 1986-1, pp. 699-703).

En Europe, après la publication de plusieurs plans ambitieux d'union économique et monétaire (Plans Barre, Rapports Werner et Marjolin), les pays membres de la CEE ont décidé, en 1972, de limiter les marges de fluctuation de leurs monnaies par rapport au dollar puis, en 1973, de constituer une « zone de flottement concerté » vis-à-vis de la monnaie américaine (« le serpent monétaire européen ») ; les désaffections britannique, italienne puis française et l'association de plusieurs pays nordiques à cet accord ont contribué à donner un rôle privilégié à l'Allemagne fédérale, et à sa monnaie, dans le fonctionnement de ce groupement. La mise en place, en 1978, du système monétaire européen a marqué une nouvelle avancée vers l'intégration monétaire européenne : afin d'instaurer *« une zone de stabilité monétaire »* européenne fondée sur l'établissement d'un *« système de parités fixes mais ajustables »* (H. Ungerer, 1983, pp. 16 et 18), les membres du SME ont accepté de mettre en commun une partie de leurs réserves de change ; pour progresser vers l'intégration monétaire, ces pays devront, graduellement, harmoniser leurs politiques monétaires et procéder à des ajustements de leurs politiques économiques, ces ajustements devant permettre de réduire les écarts, notamment inflationnistes, relevés entre les pays partenaires. Le processus d'intégration européenne, dont les effets se sont faits jusqu'à présent principalement ressentir au niveau de l'organisation des marchés (B. Jaumont et autres, 1973), sera, dès lors, susceptible d'être à l'origine d'une nouvelle dynamique communautaire et de participer à la promotion d'une réforme du système monétaire international.

De nombreuses propositions ont été formulées afin de relier certains groupements monétaires, malgré la diversité de leurs niveaux d'intégration. A l'image de la convention de Lome qui fait bénéficier 66 pays d'Afrique, des Caraïbes et du Pacifique [ACP], d'accords commerciaux préférentiels avec la CEE et d'une coopération financière multilatérale, dans la perspective du grand marché commun européen de 1993, la CEE pourrait étendre sa coopération monétaire à ses partenaires en développement, par exemple, en favorisant la création d'une zone monétaire eurafricaine (R. Sandretto, 1987 ; M. Lelart, 1985-2 ; M. Mulumba, 1976), fondée sur les mécanismes les plus intéressants de la zone franc au regard du développement.

Les contours des groupements monétaires s'expliquent, en partie, par des facteurs historiques qui se sont traduits par la domination d'un pays et de sa monnaie (zones coloniales, dollar et rouble) ou par la promotion d'une coopération régionale initialement plus homogène (UMOA, CEE). La variété des assises institutionnelles et fonctionnelles de chaque zone, le caractère évolutif ou figé des relations génératrices de l'intégration monétaire rendent malaisée la recherche d'une définition applicable à toute expérience de ce type : « *La zone monétaire est un concept uniforme dont les circonstances particulières de chaque cas d'espèce tracent les contours* » (J.M. Sterrenburg, 1961, p. 138).

L'étude d'un « cas d'espèce », la zone franc, montre comment l'appartenance à ce groupement est ambivalente pour des pays en développement : les dimensions institutionnelles de cette zone ont fait apparaître des contraintes indéniables pour les pays africains ; en examinant son fonctionnement (tome II), d'autres contraintes seront décelées, mais également des facteurs positifs sur lesquels se fonde une dynamique propre à la zone franc.

Au-delà des contingences historiques, cette dynamique et les éléments de réforme dont elle est porteuse justifient l'attachement résolu des partenaires de la France à ce type de coopération. L'intégration monétaire promue dans la zone franc s'inscrit, dès lors, dans une double perspective : au plan international, celle d'une progressive recomposition du système monétaire international ; au plan national, celle d'une contribution plus marquée de l'outil monétaire en faveur du développement.

NOTES

(1) Au Libéria, les billets en dollars des États-Unis circulent conjointement aux pièces de monnaie émises par le Trésor national.

(2) Sur l'intégration monétaire, ses implications pour les pays en développement, spécialement pour les pays africains, voir, notamment, P. Kouame, 1984 ; R.I. Mc Kinnon, 1983 ; D.R. Khatkhate and B.K. Short, 1980 ; S. Nana-Sinkam, 1978 ; K. Hamada, 1977 ; J.A. Aschheim and Y.S. Park, 1976 ; P.R. Allen, 1976 ; H.G. Johnson and A.K. Swoboda (eds) 1973 ; W.M. Corden, 1972 ; B. Balassa, 1969.

(3) Pour l'Afrique, voir R. Triffin, 1966, pp. 520 et suivantes.

(4) Pour R.I. Mc Kinnon (1983, p. 245), *« on peut appeler zone monétaire optimale un groupe de pays aux échanges de marchandises fortement intégrés, autorisant la libre circulation des facteurs et ayant des monnaies effectivement convertibles »*. Les critères de constitution de ces zones sont explicités par C. de Boissieu (1984). Sur la théorie de la zone monétaire optimale, voir, outre les références bibliographiques figurant en note (2), celles citées par E. Tower et T. Willet, 1976 ; Y. Ishiyama, 1975 ; P. Salin, 1974 et G. Magnifico, 1974 et 1972, en particulier, les travaux de H.G. Grubel, P.B. Kenen, R.I. Mc Kinnon, R.A. Mundell et D.A. Snider.

(5) Les principaux courants de pensée relatifs à l'intégration économique et différentes définitions de ce terme sont exposés par M. Bye et G. Destanne de Bernis, 1977, pp. 732 et suivantes. Voir, notamment, la distinction établie entre *« les phénomènes qui tendent à l'internationalisation des marchés et ceux qui tendent à l'intégration économique »* (p. 772).

Voir, à propos de l'intégration économique de pays en développement : B. Balassa and A. Stoutjesdijk, 1975, et, en particulier pour l'Afrique, P. Robson, 1987 ; M. Diouf, 1984 ; K. Ouali, 1982 ; M. Yadi, 1979.

(6) *« Les unions ou accords monétaires précèdent souvent les accords politiques ou économiques »* (R.A. Mundell, in R. Tremblay (ed.), 1972, p. 49).

(7) *« L'intégration économique connaît différents degrés dont l'ordre chronologique est généralement le suivant : intégration des échanges extérieurs, intégration douanière, intégration monétaire, intégration des*

politiques de croissance et intégration fiscale » (A. COTTA, 1968, p. 269).

(8) B.BALASSA (1961, p. 2) distingue cinq étapes qu'il classe par degré d'intégration croissante : la zone de libre échange, l'union douanière, le marché commun, l'union économique et l'intégration économique complète « *qui présuppose l'unification des politiques monétaires, fiscales, sociales et anticycliques et requiert l'existence d'une autorité supranationale* ».

(9) Au plan des systèmes économiques, à l'exception de la Guinée et du Mali qui quittèrent la zone franc, respectivement en 1960 et de 1962 à 1967, en dépit de quelques variantes mineures, les options des membres de cette zone relevaient d'une même approche, le « libéralisme planifié ». Le Congo (depuis 1969) et le Bénin (depuis 1972), malgré leurs références officielles au marxisme, n'ont pas mis fin à leur participation aux groupements monétaires et économiques auxquels ils adhéraient.

(10) L'hétérogénéité de la zone sterling est manifeste si on considère ses pays les plus développés (Australie, Nouvelle-Zélande), les plus riches par habitant (Koweit, Emirats Arabes), les plus vastes (Inde, Australie), ceux qui figurent parmi les plus grands producteurs mondiaux d'or (Afrique du Sud) ou de pétrole (Pays du Moyen-Orient et Nigéria), bénéficient d'importantes entrées de devises (Malaisie) ou, par contraste, appartiennent à la catégorie des pays les moins avancés (Gambie, Tanzanie, Ouganda).

Une certaine homogénéité était perceptible au plan régional, mais en l'absence d'un consensus politique durable, les unions monétaires régionales n'ont été maintenues que quelques années après les indépendances.

(11) Au plan international, le rôle et les attributions du rouble transférable demeurent limitées : « *Le rouble transférable est resté une simple unité de compte qui n'exerce aucune influence sur les transactions intrarégionales de marchandises, de services et de capitaux. Etant donné son caractère passif, le rouble transférable n'est qu'une unité de compte régionale plutôt qu'une vraie monnaie internationale* » (J.F. van BRABANT, in J.L. GUGLIELMI et M. LAVIGNE, 1978, p. 78).

BIBLIOGRAPHIE

I — OUVRAGES

ABELIN (P.), *Rapport sur la politique française de coopération*, La documentation française, Paris, 1975.

ALIBER (R.Z.) (ed.), *The Political Economy of Monetary Reform*, University of Chicago Press, Chicago, 1977.

ALIBERT (J.), *De la vie coloniale au défi international, Banque du Sénégal, BAO, BIAO, 130 ans de banque en Afrique*, Chotard, Paris, 1983.

ALLEN (P.R.), *Organization and Administration of a Monetary Union,* Princeton Studies in International Finance, n° 38, International Finance Section, Princeton University, 1976.

AMIN (S.), *Le développement inégal,* Les Editions de Minuit, Paris, 1973.

ANTOINE (R.), *L'histoire curieuse des monnaies coloniales,* ACL, Nantes, 1986.

ASCHHEIM (J.A.) and PARK (Y.S.), « Artificial Currency Units : The Formation of Functional Currency Areas », *Essays in International Finance*, n° 114, International Finance Section, Princeton University, 1976.

BALASSA (B.), *The Theory of Economic Integration*, Allen and Unwin, London, 1961.

BEAC, *Dixième anniversaire, 1973-1983*, Burovit, Paris, 1983.

BELBAY (A.), *Le financement étatique de l'économie algérienne*, Thèse en sciences économiques, Alger, 1972.

BERNARD (Y.), COLLI (J.C.), LEWANDOWSKI (D.), *Dictionnaire économique et financier*, Seuil, Paris, 1975.

BHATIA (R.J.), « The West-African Monetary Union. An Analytical Review », *IMF, Occasional Paper*, n° 35, may 1985.

BISTOLFI (R.), *Structure économique et indépendance monétaire. L'expérience monétaire de la Tunisie et ses enseignements*, Cujas, Paris, 1967.

BLOCH-LAINE (F.) (et collaborateurs), *La zone franc*, PUF, Paris, 1956.

DE BOISSIEU (C.), *Principes de politique économique*, Economica, Paris, 1984 (3e édition).

BOCAR SY (Y.), *Les institutions monétaires et financières en Afrique occidentale francophone*, Thèse, Université de Dakar, 1963.

BOURDIN (J.), *Monnaie et politique monétaire dans les pays africains de la zone franc*, NEA, Dakar, Abidjan, Lomé, 1980 (1980-1).

BOURGI (A.), *La politique française de coopération en Afrique. Le cas du Sénégal*, LGDJ/NEA, Paris, Abidjan, 1979.

BROCHART (F.), « Note sur la relation exportation-croissance économique ; application aux pays africains de la zone franc », CERDI, *Études et documents provisoires*, Université de Clermont-Ferrand, 1982.

BUAN (L.), *Les Banques coloniales*, Thèse en droit, Université de Rennes, 1908.

BYE (M.) et DESTANNE DE BERNIS (G.), *Relations économiques internationales, tome 1, échanges internationaux*, Dalloz, Paris, 1977 (4e édition) et 1987 (5e édition).

CENTRE AFRICAIN D'ÉTUDES MONETAIRES, *L'impact du système monétaire européen sur les pays africains*, Dakar, 1981.

CAMARA (S.S.), *La Guinée sans la France*, Presses de la Fondation nationale des sciences politiques, Paris, 1976.

CHABERT (A.), *Structure économique et théorie monétaire : essai sur le comportement monétaire dans les pays sous-développés*, A. Colin, Paris, 1956.

CHAMPION (P.) et TRAUMAN (J.), *Mécanismes de change et marché des euro-dollars*, Economica, Paris, 1982 (3e édition).

COMMISSARIAT GÉNÉRAL DU PLAN, *Préparation du 7e plan. Rapport de la commission départements d'outre-mer,* La documentation française, Paris, 1976.

CONFÉRENCE DE REHOVOTH (3eme), *Les problèmes fiscaux et monétaires dans les pays en voie de développement*, Dunod, Paris, 1967.

CORDEN (W.M.), « Monetary Integration », *Essays in International Finance*, n° 93, International Finance Section, Princeton University, 1972.

COTTA (A.), *Dictionnaire de sciences économiques*, Mame, Paris, 1968.

COUTIÈRE (A.), *Le système monétaire français*, Economica, Paris, 1980 (2e édition).

DADO (C.A.), *Intégration monétaire et intégration régionale des économies ouest-africaines*, Thèse de IIIe cycle en sciences économiques, Université d'Orléans, 1982.

DEDEHOUANOU (T.M.), *Approche monétaire de la détermination du revenu et de la balance des paiements dans les États de l'UMOA*, Thèse de IIIe cycle en sciences économiques, Université d'Orléans, 1984.

DENIZET (P.), *Les Banques coloniales*, Thèse en droit, Pedone, Paris, 1899.

DIAGNE (P.), *Pour l'unité ouest-africaine*, Anthropos, Paris, 1972.

DIALLO (T.O.T.), *Essai d'analyse de l'intégration monétaire en Afrique de l'Ouest francophone*, Thèse de sciences économiques, Université Paris I, Panthéon-Sorbonne, 1974.

DIARRA (M.), *Les États africains et la garantie monétaire de la France*, NEA, Dakar, 1972.

DIENG (A.), *Le rôle du système bancaire dans le développement économique des pays de l'UMOA*, Thèse d'État en sciences économiques, Université de Dakar, 1971.

— *Le rôle du système bancaire dans la mise en valeur de l'Afrique de l'Ouest*, NEA, Dakar, 1982.

DIOUF (M.), *Intégration économique : perspectives africaines*, NEA/Publisud, Dakar, Paris, 1984.

DUMONT (R.) et MOTTIN (M.F.), *l'Afrique étranglée*, Seuil, Paris, 1980.

DUPUY (P.H.), *Le Trésor, la croissance et la monnaie au Maroc*, Ed. La Porte, Rabat, 1965.

DUROSELLE (J.B.) et MEYRIAT (J.) (sous la direction de), « Politiques nationales envers les jeunes États », Centre d'étude des relations internationales, *Cahiers de la Fondation nationale des sciences politiques*, n° 131, Paris, 1964.

ECK (F.), *Le rôle monétaire et financier du Trésor, 1960-1974*, Thèse de sciences économiques, Université Paris I, Panthéon-Sorbonne, 1975.

— *Le Trésor*, PUF, Paris, 1982.

ENCONTRE (P.), *Taux de change et compétitivité dans les pays de la zone franc, le cas des États de l'Afrique centrale*, Mémoire, IEP, Paris, 1982.

ENCYCLOPÉDIE MÉTHODIQUE, ou par ordre de matières, par une société de gens de lettres, de savants, et d'artistes, Panckoucke, Paris, 1783.

ERBES (R.), *L'intégration économique internationale*, PUF, Paris, 1966.

ERRERA (J.M.), *La gestion de l'entreprise et les échanges compensés*, Economica, Paris, 1988.

ESSEKS (J.D.) (sous la direction de), *L'Afrique de l'indépendance politique à l'indépendance économique*, F. Maspero/PUG, Grenoble, 1975.

FLOUZAT (D.), *Économie contemporaine, tome 2, les phénomènes monétaires*, PUF, « Thémis », Paris, 1979 (4e édition).

FONDS MONÉTAIRE INTERNATIONAL, *Études générales sur les économies africaines.*

— tome 1 : *Cameroun, République Centrafricaine, Tchad, Congo (Brazzaville) et Gabon*, Washington, 1968.

— tome 3 : *Dahomey, Côte-d'Ivoire, Mauritanie, Niger, Sénégal, Togo et Haute-Volta*, Washington, 1970.

— tome 7 : *Algérie, Mali, Maroc et Tunisie*, Washington, 1977.

FRANÇOIS (G.) et MARIOL (H.), *Législation coloniale*, Librairie Larose, Paris, 1929.

de GASQUET (R.), *Contribution à l'étude d'une balance des comptes entre la France et les autres pays de la zone franc*, IEP, Paris, 1952.

GENDARME (R.), *La pauvreté des nations*, Cujas, Paris, 1973 (2e édition).

GERARDIN (H.), *Aspects monétaires de la zone franc et croissance économique*, Mémoire de DES de sciences économiques, Université Nancy-II, 1973.

— *Appartenance à la zone franc et contraintes monétaires et financières nationales : l'exemple du Cameroun,* Thèse de IIIe cycle en sciences économiques, Université Paris-I, Panthéon-Sorbonne, (1978-1).

— *La dynamique de l'intégration monétaire de pays en développement. Contribution à la problématique de la zone franc*, Thèse d'État en sciences économiques, Université Nancy-II, 1986, 2 tomes (1986-1).

GERO (F.), *Fonctionnement et implications des marchés parallèles de devises. Le cas du marché du naïra contre FCFA*, Thèse de IIIe cycle en sciences économiques, Université d'Orléans, 1984.

GRELLET (G.), *Les structures économiques de l'Afrique noire*, PUF/IEDES, Paris, 1982.

GROU (P.), *Le système du compte d'opérations entre la France et les autres États membres de la zone franc*, Thèse complémentaire en sciences économiques, Université Paris I, Panthéon-Sorbonne, 1974.

GUGLIELMI (J.L.) et LAVIGNE (M.) (sous la direction de), Travaux du colloque international *Unités et monnaies de compte*, Recherches Panthéon-Sorbonne, Université Paris I, Economica, Paris, 1978.

GUILLAUMONT (P.) (ed.), *Croissance et ajustement. Les problèmes de l'Afrique de l'Ouest*, Economica, Paris, 1985.

GUILLAUMONT (P.) et (S.), *L'évolution de la zone franc en Afrique*, CERDI, Rapport pour le ministère de la Coopération, Paris, mai 1980.

— *Problèmes posés par le régime des changes des pays africains ayant pour monnaie les francs CFA*, Rapport Banque mondiale, fév. 1981.

— *Zone franc et développement africain*, Economica/ACCT, Paris, 1984.

GUILLAUMONT (P.) et (S.) (eds), *Stratégies de développement comparées, zone franc et hors zone franc*, Economica, Paris, 1988.

GUILLEBAUD (J.C.), *Les confettis de l'empire*, Seuil, Paris, 1976.

HABERER (J.Y.), *Les fonctions du Trésor et la politique financière*, Les cours de droit, IEP, Paris, 1972-1973, 2 tomes.

HEPP (B.), *Monnaie et crédit en Afrique noire*, Crédit Lyonnais, Paris, 1967.

IMBAUD (N.), *Essai d'histoire monétaire des colonies françaises d'Amérique, d'Afrique et du Pacifique*, Thèse pour le doctorat en Droit, Paris, 1946.

JACQUEMOT (P.) et RAFFINOT (M.), *Accumulation et développement. Dix études sur les économies du Tiers-Monde*, L'Harmattan, Paris, 1985.

JAUMONT (B.), LENEGRE (O.), ROCARD (M.), *Le marché commun contre l'Europe*, Seuil, Paris, 1973.

JEANNENEY (J.M.) (Rapport), *La politique de coopération avec les pays en voie de développement*, Ministère d'État chargé de la réforme administrative, Ed. du Secrétariat général du gouvernement, La documentation française, Paris, 1963.

JOHNSON (H.G.) and SWOBODA (A.K.) (eds), « The Economics of Common Currencies », *Proceedings of the Madrid Conference on Optimum Currency Areas*, Allen and Unwin, London, 1973.

KANTE (S.), *L'expérience monétaire du Mali ; son évolution par rapport à l'UMOA, 1962-1968*, Thèse, École pratique des hautes études, Paris, 1971.

Mc KINNON (R.I.), *Monnaie et finance dans l'échange international*, Bonnel, Paris, 1983.

KOUAME (P.), *Monnaie, intégration monétaire et croissance économique en Afrique de l'Ouest*, Thèse d'État en sciences économiques, Université Paris-Dauphine, 1984.

LAMA (J.), *Le problème de la convergence des taux d'inflation en régimes de changes fixes : le cas de la zone franc*, Thèse de IIIe cycle en sciences économiques , Université de Clermont-Ferrand, 1983.

LAPORTE (A.), *Le problème monétaire de nos vieilles colonies ; papier-monnaie et bons de caisse*, Thèse pour le doctorat, Librairie maritime et coloniale, Paris, 1908.

LASSUDRIE-DUCHENE (B.) et REIFFERS (J.L.) (sous la direction de), *Le protectionnisme. Croissance, limites, voies alternatives*, Economica, Paris, 1985.

LAUNAY (E.), *Coopérer, compenser avec les pays socialistes de l'Europe de l'Est*, AFIL, Librairie du commerce extérieur, Paris, 1979.

LAVIGNE (M.), *Le programme du Comecom et l'intégration socialiste*, Cujas, Paris, 1973.

— *Économie internationale des pays socialistes*, A. Colin, Paris, 1985.

LEDUC (G.), *Cours de doctorat sur les problèmes monétaires et bancaires des territoires d'outre-mer*, Polycopie des cours de droit, Paris, 1961.

LEDUC (M.), *Les institutions monétaires africaines, pays francophones*, Pedone, Paris, 1965.

Mc LENAGHAN (J.B.), NSOULI (S.M.) and RIECHEL (K.W.), « Currency Convertibility in the Economic Community of West Africa States », *IMF, Occasional Paper*, n° 13, Aug. 1982.

LEUWATT (G.), « La pratique des codes d'investissement en Afrique noire francophone. Approche comparée », *Rencontres africaines*, Paris, 1987.

LEVEILLE (J.), *Les compagnies souveraines de colonisation*, Librairie Cotillon, Paris, 1892.

LEVINSON (G.), *Vodka-Cola*, Stock, Paris, 1977.

MAGNIFICO (G.), *L'Europe par la monnaie. Une nouvelle approche*, Lavauzelle, Paris, 1974.

MALDANT (B.) et HAUBERT (M.), *Croissance et conjoncture dans l'Ouest africain*, PUF, Paris, 1973.

MALDANT (M.), *Flux monétaires et flux réels dans les relations de la France avec les POM*, Sedes, Paris, 1959.

MARCHAL (J.), *Monnaie et crédit*, Cujas, Paris, 1967 (3e édition).

MATHIEU (J.L.), *Les Dom-Tom*, PUF, Paris, 1988.

MERAT (L.), *L'évolution actuelle du régime financier des colonies*, Librairie Larose, Paris, 1927.

MERIGOT (J.G.) et COULBOIS (P.), *Le franc, 1938-1950,* LGDJ, Paris, 1950.

MICHALET (C.A.), *Le défi du développement indépendant*, Éd. Rochevignes, Paris, 1983.

MINGOT (R.), *La question des banques coloniales*, Thèse en droit, Paris, 1912.

MINISTÈRE DES RELATIONS EXTÉRIEURES, MINISTÈRE DE LA COOPÉRATION ET DU DÉVELOPPEMENT :

— « Les organismes régionaux en Afrique », *Études et documents*, n° 45, Paris, 1981 (2 tomes).

— « Nouvelles ressources financières pour l'Afrique », *Études et documents*, n° 50, oct. 1982.

— *La France et l'Afrique. Étude des relations franco-africaines politiques, financières, économiques, commerciales et culturelles*, Paris, 1983.

MOUSSA (P.), « Les chances économiques de la Communauté franco-africaine », *Cahiers de la Fondation*

nationale des sciences politiques, n° 83, A. Colin, Paris, 1957.
— *L'économie de la zone franc*, PUF, Paris, 1960.

MUNDELL (R.A.) and SWOBODA (A.K.) (eds), *Monetary Problems of the International Economy*, The University of Chicago Press, Chicago and London, 1970.

MUZEREAU (J.), *L'évolution monétaire des colonies françaises entre 1940 et 1945*, Thèse en droit, Université de Paris, 1948.

NAKPOKOU (P.G.), *La sélectivité du crédit dans les États africains de la zone franc*, Thèse de IIIe cycle en sciences économiques, Université de Clermont-Ferrand, 1984.

NANA-SINKAM (S.), *Monetary Obstacles to the Expansion of Intra-african Trade and the Development of Monetary Cooperation in Africa. Application of a Theory of Optimum Currency Areas in Africa*, Mouton, The Hague, 1978.
— *Les pays candidats au processus de développement dans la jungle du nouveau système international de taux de change*, Economica, Paris, 1979.

NEME (J.) et (C.), *Économie européenne*, PUF, « Thémis », Paris, 1970.

NEURISSE (A.), *Le franc CFA*. LGDJ, Paris, 1987.

NGANGO (G.), *Les investissements d'origine extérieure en Afrique noire francophone : statut et incidence sur le développement*, Présence africaine, Paris, 1973.

NKUETE (J.), *Le franc CFA face aux mutations des grandes unités de compte : dollar-DTS-Ecu*, Ed. CLE, Yaoundé, 1981.

NOGARO (B.), *La monnaie et les systèmes monétaires,* LGDJ, Paris, 1945.

NOUAILLE-DEGORGE (B.), *La politique française de coopération avec les États africains et malgaches au sud du Sahara*, Centre d'étude d'Afrique noire, IEP, Bordeaux, 1982.

OUA, « Quelle Afrique en l'an 2000 ? » *Rapport final du Colloque de Monrovia sur les perspectives du déve-*

loppement de l'Afrique à l'horizon 2000, OUA/IIES, Genève, 1980.

OUALI (K.), *Intégration africaine*, Economica, Paris, 1982.

PANOUILLOT (C.), *Le rôle des organismes monétaires et bancaires dans le financement du développement des États africains et malgache*, Fondation nationale des sciences politiques, Paris, 1963.

— *Monnaies et crédit bancaire en Afrique*, Fondation nationale des sciences politiques/CFECTI, Paris, 1974.

PERROUX (F.), *L'Europe sans rivages*, PUF, Paris, 1958.

— *La coexistence pacifique*, PUF, Paris, 1958.

— *L'économie du XXe siècle*, PUF, Paris, 1969 (3e édition).

— *Pour une philosophie du nouveau développement*, Aubier/UNESCO, Paris, 1981.

— *Dialogue des monopoles et des Nations. « Équilibre » ou dynamique des unités actives ?* PUG, Grenoble, 1982.

PERROUX (F.), DENIZET (J.), BOURGUINAT (H.), *Inflation, dollar, euro-dollar*, Gallimard, Paris, 1971.

PEYNET-MOUILLEFARINE (C.), « L'évolution des taux de change effectifs dans les pays de la zone franc », CERDI, *Études et documents provisoires*, Université de Clermont-Ferrand, 1983.

PLANE (P.), *Taux de change d'équilibre en économie sous-développée. Essai de détermination pour dix pays d'Afrique de l'Ouest*, Thèse de IIIe cycle en sciences économiques, Université de Clermont-Ferrand, 1983.

PLASSIART (L.), *Régime financier des colonies françaises*, Thèse pour le doctorat en droit, Université de Nancy, 1901.

REBEUF (J.L.), *Inflation et système monétaire en Afrique*, Thèse en sciences économiques, Université Lyon II, 1972.

REUTER (P.), *Les francs coloniaux*, Dalloz, 1950.

ROBSON (P.), *Intégration, Development and Equity : Economic Integration in West Africa*, Allen and Unwin, London, 1983. [Traduction, Economica, Paris, 1987.]

ROQUEBAIN (C.), *Les richesses de la France d'outre-mer. Structure économique et problèmes humains*, Payot, Paris, 1949.

RUDLOFF (M.), *Économie monétaire nationale et développement*, Cujas, Paris, 1969.

— *Économie monétaire internationale,* Cujas, Paris, 1970.

de SAILLY (J.), « La zone sterling », *Cahiers de la Fondation nationale des sciences politiques*, A. Colin, Paris, 1957.

SAINT MARC (M.), *Zone franc et décolonisation*, Sedes, Paris, 1964.

— *Commerce extérieur et développement. Le cas de la zone franc*, Sedes, Paris, 1968.

— *Monnaie, espace, incertitude. Théorie de la monétarisation*, Dunod, Paris, 1972.

— *Histoire monétaire de la France. 1800-1980*, PUF, Paris, 1983.

SALIN (P.) (sous la direction de), *L'unification monétaire européenne*, Calmann-Lévy, Paris, 1974.

SCHLOGEL (M.), *Les relations économiques et financières internationales*, Masson, Paris, 1972.

SECRÉTARIAT D'ÉTAT AUX AFFAIRES ÉTRANGÈRES, chargé de la Coopération. Travaux du groupe d'étude sur les effets de l'aide :

- 2, *Les relations de la France avec les Pays d'outre-mer de la zone franc en termes de flux monétaires.*
- 4, *Incidence des relations avec les pays d'outre-mer sur la trésorerie en devises fortes de la France,* Paris, 1966.

SEDILLOT (R.), *Le Franc. Histoire d'une monnaie des origines à nos jours*, Sirey, Paris, 1953.

— *Histoire du franc*, Sirey, Paris, 1979.

SERVAIS (F.) (avec la collaboration de BEAUDOIN (E.)), *Banques d'émission, Banque de France, Banques coloniales, Banques étrangères*, LGDJ, Paris, 1932 (6e édition).

SOUMARE (O.), *La monnaie et ses problèmes en écono-*

mie sous-développée : exemple de l'UMOA, Thèse en sciences économiques, Université de Paris, 1972.

STERRENBURG (J.M.), *L'intégration monétaire*, H.E. Stenfert Kroese NV, Leiden, 1961.

SYREN (J.L.), *Les balances sterling ou l'expression du statut international de la livre*, Thèse d'État en sciences économiques, Université de Dijon, SRT, Grenoble, 1976.

TCHAKOUNTIO (E.N.), *La BEAC et le développement économique des pays de sa zone d'émission*, Thèse en sciences économiques, Université Paris I, Panthéon-Sorbonne, 1975.

TCHUNDJANG POUEMI (J.), *Monnaie, servitude et liberté*, Ed. Jeune Afrique, Paris, 1980.

TEYSSIER (L.G.), *Le contrôle des changes en France de 1932 à 1972*, Librairie du commerce international, Paris, 1973.

TOWER (E.) and WILLET (T.), *The Theory of Optimum Currency Areas and Exchange-Rate Flexibility*, Princeton University, International Finance Section, 1976.

TRAIMOND (P.), *Le rouble, monnaie passive et monnaie active*, Cujas, Paris, 1980.

TREMBLAY (R.) (ed.), *Africa and Monetary Integration*, Université de Montréal, Centre de recherche en développement économique, HRW, Montréal et Toronto, 1972.

TRIFFIN (R.), *The World Money Maze*, Yale University Press, New Haven and London, 1966.

VIEILLEDENT (L.), *La structure des institutions monétaires et bancaires de l'Algérie depuis 1962*, Thèse en sciences économiques, Université de Paris, 1971.

VINAY (B.), *Économie monétaire*, A. Colin/IIAP, Paris, 1969.

— *Zone franc et coopération monétaire*, ministère de la Coopération, Paris, 1980.

YADI (M.), *Les systèmes d'intégration régionale africaine. Théorie, évolution, perspectives*, Thèse en sciences économiques et sociales, Université de Genève, Georg, 1979.

YANSANE (K.), *Le contrôle de l'activité bancaire dans les pays africains de la zone franc*, LGDJ/Ed. africaines, Paris, Abidjan, 1983.

ZAY (E.), *Histoire monétaire des colonies françaises d'après les documents officiels*, J. Montorier, Paris, 1892.

ZGLINICKI (J.P.), *Analyse du commerce extérieur et source de croissance dans les pays africains de la zone franc*, Thèse de IIIe cycle en sciences économiques, Université de Clermont-Ferrand, 1984.

ZIEGLER (J.), *Une Suisse au-dessus de tout soupçon*, Seuil, Paris, 1976.

ZULU (J.B.) and NSOULI (S.M.), « Adjustment Programs in Africa. The Recent Experience », *IMF, Occasional Paper*, n° 34, ap. 1985.

II — ARTICLES ET CONTRIBUTIONS

ALIBERT (J.), « L'Afrique dans le système monétaire international », *Europe France outre-mer*, n° 479, déc. 1969, pp. 8-12.

— « Les accords monétaires en Afrique noire francophone », *Association pour l'étude des problèmes d'outre-mer*, n° 114, jan. 1974 (1974-1), 15 p.

— « L'évolution de la zone franc en Afrique noire », *Afrique contemporaine*, n° 74, juil.-août 1974, pp. 2-5 (1974-2).

— « Monnaie, crédit et banque en Afrique », *Marchés tropicaux et méditerranéens*, n° 1531, 14 mars 1975, pp. 753-859.

— « La réforme de l'UMOA, politique générale de la monnaie et du crédit », *Association pour l'étude des problèmes d'outre-mer*, n° 127, sept. 1975, 9 p.

— « La zone franc : intelligence et réalisme », *Afrique contemporaine*, n° 126, avr.-juin 1983, pp. 3-13.

ALIBERT (J.) (et autres), « L'Union monétaire face aux défis du financement du développement et de l'intégration économique », Vingt-cinquième anniversaire de l'UMOA, symposium de Dakar, 19-21 oct. 1987, *Marchés tropicaux et méditerranéens*, n° 2191, 6 nov. 1987, pp. 2948-2952.

AMIN (S.) « Pour un aménagement du système monétaire des pays africains de la zone franc », *Revue française d'études politiques africaines*, n° 47, mai 1969, pp. 18-45 et n° 54, juin 1970, pp. 72-73.

BAKARY (L.), « Les chances d'une intégration monétaire et économique au sein de la sous-région ouest-africaine », *Banque*, n° 374, juin 1978, pp. 711-714.

BALASSA (B.) « Comment : Regional Monetary Integration of the Developing Countries », In : MUNDELL (R.A.) and SWOBODA (A.K.) (eds), pp. 151-156.

BALASSA (B.) and STOUTJESDIJK (A.), « Economic Integration among Developing Countries », *Journal of the Common Market Studies*, sept. 1975, pp. 37-56.

BALOGH (T.), « L'influence des institutions monétaires et commerciales sur la structure économique africaine », *Revue économique*, n° 2, mars 1963, pp. 177-195.

BANQUE DE FRANCE (Direction générale des services étrangers), « Présentation du système monétaire européen », *Bulletin trimestriel*, n° 30, mars 1979, pp. 27-33.

BARBIER (J.P.), « Guinée : une résurrection laborieuse », *Afrique contemporaine*, n° 114, oct.-déc. 1987, pp. 23-36.

BARTHELEMY (G.), « Le nouveau franc CFA et la BCEAO », *Revue Tiers-Monde*, tome IV, n° 13-14, jan.-juin 1963, pp. 275-277.

BCEAEC, 1966, *Dispositions organiques*, jan., 15 p.

BCEAO, 1962-1, « Traité du 12 mai 1962 instituant une Union monétaire ouest-africaine. »
-2, « Statuts de la BCEAO (annexés au traité). »
-3, « Accord de coopération du 12 mai 1962 entre la République française et les Républiques membres de l'UMOA. »

-4, « Convention de compte d'opérations entre le ministre des Finances et des Affaires économiques de la République française et la BCEAO. »
In : *C.M. zone franc*, 1961, pp. 445-462.

BCEAO, 1973-1, « Traité du 14 nov. 1973 constituant l'UMOA », 7 p.
-2, « Statuts de la BCEAO (annexés au traité) », 14 p.
-3, « Accord de coopération entre la République française et les Républiques membres de l'UMOA conclu le 4 déc. 1973 », 4 p.
-4, « Convention de compte d'opérations conclue le 4 déc. 1973 », 3 p.

BCEAO, 1976, « La nouvelle politique de la monnaie et du crédit de la BCEAO », *NIS*, n° 236, fév., 10 p.

BCEAO, 1979 (Direction des études), « Méthode de détermination des concours globaux de la Banque centrale », doc. ronéoté, 8 juin.

B.C. COMORES [Banque centrale des Comores] :
— 1979-1, « Accord de coopération monétaire entre la République française et la République fédérale des Comores conlu le 23 nov. 1979. »
-2, « Statuts de la Banque centrale des Comores. »
-3, « Convention de compte d'opérations conclue le 23 nov. 1979. »
— « Avenant du 29 avril 1987 à l'accord de coopération monétaire du 23 novembre 1979, *JORF*, 1er avril 1988, pp. 4347-4352.

BEAC, 1976-1, « Convention de coopération monétaire du 22 nov. 1972 entre les cinq pays d'Afrique centrale. »
-2, « Convention de coopération monétaire du 23 nov. 1972 entre les États membres de la BEAC et la République française. »
-3, « Statuts de la BEAC. »
-4, « Convention de compte d'opérations du 13 mars 1973. »

Textes constitutifs et dispositions organiques, jan., 26 p.

BEAC, « Note sur la coopération monétaire en Afrique centrale », *BEAC/Association des Banques centrales africaines*, jan. 1980, 22 p. et annexes.

— (Direction des études) « La politique de taux de change fixes dans les pays africains : l'expérience de la Banque des États de l'Afrique centrale », *BEAC, E. et S.*, n° 130, mars 1986, pp. 49-59.

BERNARD (P.), « La révision des structures de la zone franc », *Rapport présenté au Conseil économique et social, JO*, 29 mars 1960, pp. 269-291.

BHATIA (R.J.), « Factors Influencing Changes in Money Supply in BCEAO Countries », *IMF, Staff Papers*, jul. 1971, pp. 389-398.

— « The West African Monetary Union. Experience with Monetary Arrengements, 1963-1974 », *IMF*, DM 82/60, doc. ronéoté, 76 p.

BHATIA (R.J.) and ACQUAH (P.A.), « Monetary Instruments and Policies in the BCEAO Countries, 1962-74. An Analysis », *IMF*, DM/77/52, june 1977, 16 p.

— « The Money Supply Process in the BCEAO Area, 1963-1974 », *IMF*, DM/78/54, june 1978, 19 p.

BHATIA (R.J.) et BASU (A.), « Présentation analytique et schématique du système monétaire de la zone franc de coopération financière d'Afrique centrale », *Revue Tiers-Monde*, tome XVI, n° 64, oct.-déc. 1975, pp. 795-804.

BIARNES (P.), « Bamako hésite à revenir sur une étatisation désastreuse pour l'économie », *Le Monde*, 23 avr. 1981.

BLOCH-LAINE (F.), « Études sur les zones monétaires », *Revue économique*, n° 6, 1953, pp. 852-858.

de BOISSIEU (C.), « Difficultés et contraintes actuelles des politiques économiques », *Banque*, n° 433, nov. 1983, pp. 1229-1238.

de BOISSIEU (C.), CACHIN (A.), ENCONTRE (P.), « L'intégration monétaire : l'exemple de la zone franc », In : MICHALET (C.A.) (sous la direction de), pp. 109-138.

BOURCIER de CARBON (L.), « l'Union française comme ensemble économique », *Revue d'économie politique,* 4e trimestre 1952, pp. 626-655.

— « Les rapports monétaires des métropoles et des pays d'outre-mer », *Cahiers de l'ISEA*, série A, n° 11, mai 1959, 42 p.

— « Implications des zones monétaires et situation de la zone franc », *Bulletin de l'Institut d'émission de l'AEF et du Cameroun*, n° 53, jan. 1961, pp. 3-18.

BOURDIN (J.), « Une proposition dangereuse : réévaluer le franc CFA ? » *Le Monde*, 29 nov. 1977.

— « Le système monétaire européen est-il une bonne affaire pour la zone franc ? », *Le Monde*, 24 avr. 1979.

— « La politique monétaire de la BCEAO », *Banque, spécial Afrique*, déc. 1980, pp. 37-45 (1980-2).

BRASSEUL (J.) et ENGELHARD (P.), « Intégration monétaire et développement économique : le cas de la zone franc », *Mondes en développement*, tome 13, n° 52, 1985, pp. 505-528.

BRASSEUR (G.), « Le Mali », *Notes et études documentaires*, n° 4081 à 4083, 22 avr. 1974, 113 p.

BROCHART (F.), « Exportation et croissance économique : application aux pays africains de la zone franc », *Revue d'économie politique*, n° 4, juil.-août 1985, pp. 469-482.

de BRUNHOFF (F.), « Le rôle de la zone franc. Dette et système monétaire », *Le Monde diplomatique*, nov. 1978, pp. 10-11.

BURON (R.), CARTIER (R.), « Débat télévisé », *Croissance des jeunes nations*, n° 109, mars 1971, pp. 19-26.

CADENAT (P.), « La France et le tiers-monde, vingt ans de coopération bilatérale », *Notes et études documentaires*, n° 4701-4702, 14 jan. 1983, 204 p.

CALVET (P.), « Évolution récente et perspectives d'avenir de la zone franc », *Banque*, n° 326, fév. 1974, pp. 111-118.

CARTIER (R.), « Attention, la France dilapide son

argent », *Paris-Match*, nos 777 à 779, 29 fév., 7 et 14 mars 1964.

CATINAT (M.), PISANI-FERRY (J.), SCHUBERT (K.), « Les incidences d'une dévaluation du franc ont-elles varié depuis vingt ans ? » *Économie et Statistique*, n° 178, juin 1985, pp. 3-20.

CCAO, « Règles et règlements régissant les opérations de la Chambre de compensation de l'Afrique de l'Ouest », *CCAO*, Freetown, 1976, 11 p.

CHAINEAU (A.), « Revue des livres », *Revue d'économie politique*, jan.-fév. 1985, pp. 109-110.

CHARBONNIER (F.), « La zone franc menacée », *La vie française*, n° 1460, 3 mai 1973.

CHANDAVARKAR (A.G.), « Monetization of Developing Economics », *IMF, Staff Papers*, vol. XXIV, n° 3, nov. 1977, pp. 665-721.

CHAUMETON (J.P.), « La réglementation des changes et la zone franc », *Revue juridique et politique, Indépendance et coopération*, n° 2, juin 1982, pp. 823-838.

CISSE (D.), « Pour un réaménagement du système monétaire des institutions de crédit des pays africains », *Présence africaine*, n° 84, 4e trimestre 1972, pp. 44-72.

— « Vers la fin des grandes zones monétaires verticales », *Jeune Afrique*, n°667, 20 oct. 1973, pp. 52-62.

— « L'évolution actuelle des institutions d'émission de la zone franc », *Annales de l'Université d'Abidjan*, série K, t.I, 1978.

CLAVEL (G.), « La zone franc en Afrique », *Sphères, Crédit Lyonnais*, n° 36, 4e trimestre 1982, pp. 30-36.

COURCIER (M.), « La balance des comptes des pays d'outre-mer de la zone franc », *Revue économique*, n° 6, nov. 1953, pp. 901-912.

CUSSET (J.M.), « Vers une décolonisation monétaire ? La zone franc en question », *Croissance des jeunes nations*, n° 131, jan. 1973, pp. 7-9.

DALOZ (J.P.) et CISSE (D.A.), « Offre de monnaie et processus d'intégration économique en Afrique de l'Ouest », *Annales de l'Université d'Abidjan*, série K, t. II, 1979, pp. 5-27.

DEBONO (R.), « De la zone franc à une nouvelle zone dans le cadre de la CEE ? », *Développement et civilisations*, déc. 1967, pp. 33-43.

DECRAENE (P.), « Le voyage présidentiel au Mali », *Le Monde*, 16 fév. 1977.

— « La France remplit toutes ses obligations sur la scène africaine », Un entretien avec M. Mitterrand à l'occasion du sommet de Paris, *Le Monde*, 4 nov. 1981.

DEGALLAIX (S.), « Zone franc, un regain d'actualité », *Informations et commentaires*, n° 62, jan-mars 1988, pp. 19-21.

DERANT LAKOUE (E.), « La Banque de développement des États de l'Afrique centrale », *Banque, spécial Afrique*, déc. 1980, pp. 23-26.

DESNEUF (P.), « Problèmes monétaires en Afrique de l'Ouest », *Revue d'études politiques et économiques africaines*, n° 170-171, fév-mars 1980, pp. 20-49.

DIARRA (M.), « Zone franc et coopération », *Le Monde*, 28 nov. 1972.

— « La réforme de la zone franc », *Le Monde*, 18 déc. 1973.

— « Pour donner de nouvelles bases à la coopération : Comment changer les relations à travers la zone franc ? », *Le Monde*, 19 nov. 1974.

— « Les préalables au développement : II. L'indépendance monétaire », *Communication au colloque de Monrovia sur les perspectives de développement et de la croissance en Afrique à l'horizon 2000*, 12-15 fév. 1979, OUA, Addis Abeba, doc. ronéoté, 8 p.

— * « Proposition pour une réforme de la zone franc et la création d'un système monétaire africain » (Diarra, 1982).

* « Zone franc et développement des activités économiques », *Notes pour le groupe de réflexion sur la zone franc, ministère de la Coopération et du Dé-*

veloppement, Paris, 23 fév.-30 mars 1982, doc. ronéoté, 5 p. et 14 p.

DIOUF (M.), « Le problème de l'intégration monétaire en Afrique de l'Ouest », *Revue Tiers-Monde*, tome XXIV, n° 96, oct.-déc. 1983, pp. 919-922.

DUHAMEL (J.) et PRE (R.), « La zone franc peut-elle devenir une zone de co-prospérité ? » *Le Figaro*, 26-27 mai 1973.

DUNIS (C.), « Le concept de zone monétaire et la prévision des taux de change », *Banque*, n° 413, jan. 1982, pp. 27-31.

DURAND REVILLE (L.), « L'évolution des échanges entre la France et les autres pays de la zone franc », *Rapport présenté au Conseil économique et social, JO*, 7 mars 1968, pp. 261-315.

DUROSELLE (J.B.), « La politique de la France », In : DUROSELLE (J.B.) et MEYRIAT (J.) (sous la direction de), pp. 177-206.

FABRA (P.), « Zone franc ou zone de pauvreté », *Le Monde*, 2 déc. 1972.

FEDOROWICZ (Z.), « Les problèmes actuels du rouble transférable », In : GUGLIELMI (J.L.) et LAVIGNE (M.) (sous la direction de), pp. 57-64.

FESSARD de FOUCAULT (B.), « Indépendance et coopération franco-africaine », *Études*, avr. 1973, pp. 535-559.

de la FOURNIERE (X.), « Les problèmes monétaires de la zone franc », *Rapport présenté au Conseil économique et social, JO*, 15 avr. 1970, pp. 185-238 (réédité, *La zone franc*, PUF, Paris, 1971).

FROMENT (E.), « Zone franc et mutation financière en France », *Informations et commentaires*, n° 60, juil.-sept. 1987, pp. 27-29.

FROMENT (F.), « Le système monétaire ouest-africain », ISEA, Dakar, 1963, 22 p.

GEORGES (A.), « Évolution institutionnelle et structurelle de la zone franc », *Le Bulletin*, n° 24, déc. 1963-jan. 1964, pp. 6-27.

— « Coopération monétaire en Afrique : les premières tentatives », *Banque*, n° 216, juin 1964, pp. 377-383.

GERARDIN (H.), « Participation à une zone monétaire et externalités monétaires et financières : l'exemple de la zone franc », *Mondes en développement*, n° 23, 1978, pp. 688-701.

— « L'intégration monétaire et économique régionale : une alternative pour le développement des PMA ? L'exemple de l'Afrique de l'Ouest », *Mondes en développement*, tome 10, n° 39, 1982, pp. 387-400.

— « Intégration monétaire et création de monnaie : le cas de la zone franc », * *Économies et sociétés, Cahiers de l'ISMEA*, série F, n° 30, fév. 1986, pp. 95-133.

* Communication aux journées « Jeunes Chercheurs sur le développement » de l'Association Tiers-Monde, 13 juin 1986 ; *Les Cahiers de l'Association Tiers-Monde*, n° 2, 1986, pp. 11-20.

GISCARD D'ESTAING (E.), « le système monétaire de l'Union française », *Marchés coloniaux*, n° 78, 10 mai 1947, pp. 577-580.

GRINBERG (R.) et LJUBSKIJ (M.), « Prix et relations monétaires dans la coopération entre les pays du CAEM », *Problèmes économiques*, n° 1964, 5 mars 1986, pp. 18-23.

GUGLIELMI (J.L.), « Complémentarité internationale, zones économiques et zones monétaires », *Banque*, n° 349, mars 1976, pp. 243-245.

— « Intégration et ajustements des systèmes monétaires », *Economies et sociétés, Cahiers de l'ISMEA*, tome XII, n° 10-12, oct.-déc. 1978, pp. 1867-1887.

GUILLAUMONT (P.), « Protectionnisme, substitution à l'importation et développement tourné vers l'intérieur. Quelques équivoques illustrées par le cas des pays africains de la zone franc », In : LASSUDRIE-DUCHENE (B.) et REIFFERS (J.L.) (sous la direction de), pp. 203-229.

GUILLAUMONT (P.) et (S.), « La dévaluation du franc CFA à la suite de la dévaluation du franc français :

un exercice de simulation. Contre-rapport », In : TREMBLAY (R.) (ed.), pp. 277-288 (1972-1).

— « Zone franc et développement : les caractéristiques de la zone franc sont-elles dissociables ? », In : TREMBLAY (R.) (ed.), pp. 289-350.

GUILLAUMONT-JEANNENEY (S.), « A la recherche de la zone franc », *Revue française d'études politiques africaines*, n° 16, avr. 1967, pp. 77-90 (1967-1).

— « Les instruments de la politique monétaire dans l'Union monétaire ouest-africaine », *Annales africaines*, Université de Dakar, 1967, pp. 207-247 (1967-2).

— « La situation monétaire et financière des États africains de la zone franc », *Revue d'économie politique*, n° 5, sept.-oct. 1984, pp. 592-601.

HAMADA (K.), « On the Political Economy of Monetary Integration : a Public Economics Approach », In : ALIBER (R.Z.) (ed.), pp. 13-31.

HAMAR (M.) et CAUSSE (P.), « Quelle monnaie pour l'Afrique de l'Ouest ? », *Alternatives économiques*, n° 56, avr. 1988, pp. 20-21.

IMF (Africa Department), « The CFA Franc System », *Staff Papers*, vol. X, n° 3, nov. 1963, pp. 345-394.

— « Financial Arrangements of Countries Using the CFA Franc », *Staff Papers*, vol. XVI, n° 2, jul. 1969, pp.289-309.

ISHIYAMA (Y.), « The Theory of Optimum Currency Areas : A Survey », *IMF, Staff Papers*, vol. XXII, n° 2, jul. 1975, pp. 344-383.

JACQUEMOT (P.), « Le FMI et l'Afrique sub-saharienne : une critique des politiques d'ajustement », *Revue d'études politiques, économiques et sociologiques africaines*, n° 211-212, août-sept. 1983, pp. 107-120.

JARNAC (G.), « La situation économique et les conditions du développement des départements d'outre-mer », *Rapport présenté au Conseil économique et social, JO*, 31 déc. 1987, 128 p.

KAFKA (A.), « Regional Monetary Integration of the Developping Countries », In : MUNDELL (R.A.) and SWOBODA (A.K.) (eds), pp. 135-143.

de KERMEL (Y.), « A qui profite la zone franc ? », *Actuel développement*, n° 33, nov.-déc. 1979, pp. 51-56.

Mc KINNON (R.I.), « Optimum Currency Areas », *American Economic Review*, vol. LIII, march 1963, pp. 717-725.

KOUADIO (F.), « Doit-on redéfinir une nouvelle parité du franc CFA ? », *Le Monde*, 27 sept. 1977.

— « L'intégration du Mali dans l'UMOA », *Revue d'études politiques, économiques et sociologiques africaines*, n° 221-222, juin-juil. 1984, pp. 76-80 et 97-100.

— « La zone franc est-elle une zone de démonétisation ? », *Revue d'études politiques, économiques et sociologiques africaines*, n° 239-240, juin-juil. 1986, pp. 104-108.

KOYAGBELE (J.B.), « Les systèmes monétaires en Afrique centrale », *Revue financière du Centre africain d'études monétaires*, vol. 1, n° 1-2, mars et juin 1980, pp. 58-72.

KRATZ (J.W.), « The East African Currency Board », *IMF, Staff Papers*, vol. XIII, n° 2, jul. 1966, pp. 229-255.

LAURENT (J.L.), « Réflexions sur une critique de la zone franc », *Informations et commentaires*, n° 62, jan.-mars 1988, pp. 22-29.

— « Zone franc : renforcer sa cohérence et son originalité », *Informations et commentaires*, n° 63, avr.-juin 1988, pp. 39-45.

LEDUC (G.), « La coordination de la politique monétaire dans l'Union française », *Revue de science et législation financière*, 1952, n° 4, pp. 782-801.

— « L'évolution récente des régimes monétaires en Afrique tropicale », *Bulletin de l'Institut d'Emission de l'AEF et du Cameroun*, n° 7, nov. 1956, pp. 2-7.

— « Le destin de la zone franc », *Banque*, n° 150, déc.1958, pp. 733-737.

— « L'organisation de la zone franc. Evolution récente et vues d'avenir », *Revue d'économie politique*, mai-juin 1959, pp. 335-350.

— « Les aspects économiques et financiers de la Communauté », *Revue de science financière*, n° 1, jan.-mars 1960, pp. 176-198.

— « Faut-il réaménager le système monétaire des pays africains de la zone franc ? », *Revue française d'études politiques africaines*, n° 47, nov. 1969, pp. 61-74.

— « La coopération monétaire inter-africaine », In : TREMBLAY (R.) (ed.), pp. 155-166.

LEDUC (M.), « Le rôle anti-inflationniste des institutions de la zone franc en Afrique de l'Ouest », *Annales africaines*, Dakar, 1961, pp. 7-44.

LELART (M.), « De l'étalon-or aux balances sterling », *Banque*, n° 367, nov. 1977, pp.1185-1191 et n° 368, déc. 1977, pp. 1289-1297.

— « Le système monétaire européen et le système monétaire franco-africain », *Eurépargne*, n° 11, 1985, pp. 21-26 (1985-1) et n° 12, 1985, pp. 9-14 (1985-2).

— « Zone monétaire et convertibilité : l'expérience africaine », *Économies et sociétés, Cahiers de l'ISMEA*, série F, n° 30, fév. 1986, pp. 135-167.

LE ROY (M.C.), « Gestion de la dette extérieure et zone franc. Vers un nouveau dynamisme financier de la zone franc », *Informations et commentaires*, n° 60, juil.-sept. 1987, pp. 21-25.

LETICHE (J.M.), « The Role of Monetary Institutions in Economic Conditions and Objectives of African Economic Development », In : TREMBLAY (R.) (ed.), pp. 71-99.

LIDELL (A.), « Financial Co-operation in Africa-French Style », *The Banker*, sept. 1979, pp. 105-111 et jan. 1982, pp. 41-43.

MAGNIFICO (G.), « A propos de la théorie de la zone monétaire optimale », *Bulletin de la Banque nationale de Belgique*, n° 6, 1972, pp. III-XXIV.

MARCZEWSKI (J.), « La zone rouble et le problème d'unification monétaire des pays du COMECOM », *Revue d'économie politique*, n° 4, juil.-août 1970, pp. 608-627.

MARQUIS (P.), « Importance et efficacité des instruments

d'une politique d'émission en Afrique de l'Ouest », *Séminaire IDEP*, Dakar, 25-29 juil. 1966, pp. 50-56.

MARTIN (G.), « Zone franc, sous-développement et indépendance en Afrique noire francophone », *Afrique développement*, vol. XII, n° 1, 1987, pp. 55-100.

MAYLIN (J.), « Efficacité d'une politique monétaire en Afrique de l'Ouest », *Annales africaines*, Dakar, 1970, pp. 217-256.

MENSAH (A.), « Monetary relations among African countries », *African Development*, n° 4, jan.-mars 1979, pp. 5-20.

MERIGOT (J.G.), « La zone franc en question », *Revue de la défense nationale*, avr. 1960, pp. 722-743.

MIALET (J.), « L'organisation institutionnelle de la Communauté en matière économique et financière », *Bulletin de liaison et d'information de l'administration centrale des finances*, n° 4, août 1959, pp. 6-22.

MLADEK (J.V.), « Évolution des monnaies africaines. I-La zone franc ; II-Zone sterling et monnaies non affiliées », *Finances et développement*, vol.I, n°s 2 et 3, sept. et déc. 1964, pp. 94-102 et 211-219.

— « Les unions monétaires : leurs avantages et leurs inconvénients », *Finances et développement*, vol. III, n° 2, juin 1966, pp. 101-108.

MOREAU (J.P.), « Problèmes actuels de la zone franc », *Revue française d'études politiques africaines*, n° 16, avr. 1967, pp. 34-47.

MOUSSA (P.), « Fonctionnement et équilibre de la zone franc », *Revue d'économie politique*, mai-juin 1959, pp. 351-361.

— « Décolonisateurs et décolonisés : leurs rapports économiques », In : DUROSELLE (J.B.) et MEYRIAT (J.) (sous la direction de), pp. 137-176.

MULUMBA (M.), « Un point de vue africain sur la création éventuelle d'une zone monétaire eurafricaine », *Zaïre-Afrique/Problèmes économiques*, n° 1471, 5 mai 1976, pp. 26-30.

MUNDELL (R.A.), « African Trade, Politics and Money », In : TREMBLAY (R.) (ed.), pp. 11-67.

NDJIEUNDE (G.), « Différenciation des taux d'intérêt et zone monétaire : le cas de la zone franc », *Revue Tiers-Monde*, tome XVI, n° 62, avr.-juin 1975, pp. 407-416.

— « Le statisme des échanges interafricains », *Revue Tiers-Monde*, tome XXIV, n° 96, oct.-déc. 1983, pp. 923-930.

NGANGO (G.), « Politique monétaire et fiscale des pays africains », *Présence africaine*, n° 119, 3e trimestre 1981, pp. 3-28.

N'GORAN NIAMEN (M.), « L'Union monétaire ouest-africaine et la BCEAO », *Informations et commentaires*, n° 59, avr.-juin 1987, pp. 17-24.

NORTHEN (P.), « Le dollar au-dessus de 10 francs : choc ou aubaine pour l'économie française ? », *Le Monde*, 14 fév. 1985.

NSOULI (S.M.), « Intégration monétaire dans les pays en développement », *Finances et développement*, vol. 18, n° 4, déc. 1981, pp. 41-44.

NSOULI (S.M.) et ZULU (J.B.), « Les programmes d'ajustement en Afrique », *Finances et développement*, vol. 21, n° 1, mars 1984, pp. 5-9.

OMRANA (A.), « L'évolution monétaire et financière dans la zone franc », *Revue financière du Centre africain d'études monétaires*, vol. 1, n° 1 et 2, mars et juin 1980, pp. 14-24.

— « Les systèmes monétaires africains », *Eurépargne*, n° 16, 1986, pp. 25-31.

ONDO OSSA (A.) et LAPIQUONNE (A.T.), « Faut-il réformer la zone franc ? », *Revue d'études politiques, économiques et sociologiques africaines*, n° 215-216, déc. 1983-jan. 1984, pp. 59-71.

OUALI (K.S.), « Coopération économico-financière au niveau de la CEDEAO », *Revue d'études politiques, économiques et sociologiques africaines*, n° 229-230, fév.-mars 1985, pp. 104-117.

— « La CEAO : un aperçu », *Revue d'études politiques, économiques et sociologiques africaines*, n° 231-232, avr.-mai 1985, pp. 55-67.

OYE MBA (C.), « Réflexions sur l'évolution et les problèmes monétaires dans la zone de la BEAC », *Marchés tropicaux et méditerranéens*, n° 1899, 2 avr. 1982, pp. 885-891.

PASCALLON (P.), « Le système monétaire et bancaire algérien : réalités et perspectives », *Banque*, n° 289, oct. 1970, pp. 871-882.

PA'URU (T.H.), « L'Union monétaire ouest-africaine », *Banque*, n° 288, sept. 1970, pp. 743-751.

PENOUIL (A.), « La coopération monétaire franco-africaine : Réformer la zone franc ? entre le néo-colonialisme et la balkanisation », *Le Monde Diplomatique*, jan. 1973.

— « La coopération monétaire en Afrique de l'Ouest : un édifice utile mais encore très fragile », *Le Monde Diplomatique*, août 1973.

— « L'Afrique de l'Ouest : uniformité et diversité vers une forme d'économie dualiste », *Mondes en développement*, n° 10, 1975, pp. 273-301.

PERROUX (F.), « Une théorie de l'économie dominante », *Économie Appliquée, Archives de l'ISEA*, n° 2-3, 1948, pp. 243-300.

— « Qui intègre ? Au bénéfice de qui se fait l'intégration ? », *Économie Appliquée, Archives de l'ISEA*, n° 3-4, 1966, pp. 387-414.

— « Trois outils d'analyse pour l'étude du sous-développement : économie désarticulée, coûts de l'homme, développement induit », *Cahiers de l'ISEA*, série F, n° 1, fascicule 2, 1955, pp. 1-129 ; réédité, *Économies et sociétés, Cahiers de l'ISMEA*, série F, n° 27, juin-juil. 1978, pp. 1243-1328.

— « Matériaux pour une analyse de la croissance économique », *Cahiers de l'ISEA*, série D, n° 8, 1955, 132 p. ; réédité, *Économies et sociétés, Cahiers de l'ISMEA*, série F, n° 27, juin-juil. 1978, pp. 1329-1447.

— « Une réforme monétaire internationale par la régionalisation », *Le Monde*, 12 août 1980.

— « Soulever le voile monétaire », *Le Monde*, 21 mai 1983.

PIQUEMAL (M.), « La coopération financière entre la France et les États africains et malgache », *Revue juridique et politique d'outre-mer*, oct-déc. 1962, pp. 437-454.

PLANE (P.), « Problèmes posés par la mesure de la surévaluation ou sous-évaluation des monnaies africaines », In : LASSUDRIE-DUCHENE (B.) et REIFFERS (J.L.) (sous la direction de), pp. 451-464.

— « Les facteurs de déséquilibre des paiements courants en Union monétaire ouest-africaine (1970-1983) », *Revue d'économie politique*, n° 1, jan.-fév. 1988, pp. 111-126.

POILAY (E.), « Le problème monétaire en Afrique noire », *Marchés coloniaux*, n° 191, 9 juil. 1949, pp. 1377-1378.

— « Politique économique, sociale et monétaire d'ensemble des pays de l'Union française », *Rapport présenté au Conseil économique et social, JO*, 16 fév. 1950, pp. 49-104.

POSTEL-VINAY (A.), « La Caisse centrale de coopération économique », *Bulletin de liaison et d'information de l'administration centrale des finances*, n° 27, juil.-sept. 1964, pp. 6-24.

PRE (R.), « A propos des structures de la zone franc », *Marchés tropicaux et méditerranéens*, n° 1438, 15 juin 1973, p. 1667.

PRIOUX (R.), « Une communauté monétaire réussie, la BEAC. »

— « Balance des paiements de la zone BEAC 1972-1986 », *Informations et commentaires*, n° 59, avr.-juin 1987, pp. 25-42.

RABINOVITCH (L.A.), « Évolution de la zone franc », *Banque*, n° 144, juin 1958, pp. 360-363.

RAFFINOT (M.), « Gestion étatique de la monnaie, parités fixes et dépendance : le cas de la zone franc »,

Revue Tiers-Monde, tome XXIII, n° 91, juil.-sept. 1982, pp. 549-567.

REUTER (P.), « La création des francs coloniaux dans l'Union française », *L'actualité économique et financière à l'étranger*, n° 7-8, juil.-août 1947, pp. 51-62.

ROQUES (P.), « Le franc CFA et la dévaluation du dollar », *Marchés tropicaux et méditerranéens*, n° 1363, 25 déc. 1971, pp. 4051-4052.

ROUGE (M.), « L'équilibre des forces politiques de la zone franc », *Informations et commentaires*, n° 60, juil.-sept. 1987, pp. 9-11 (1987-1).

— « Zone franc et crise de l'endettement international », *Informations et commentaires*, n° 60, juil.-sept 1987, pp. 12-20 (1987-2).

ROUX (R.), « L'évolution de l'émission outre-mer », *Revue juridique et politique de l'Union française*, tome IV, avr.-juin 1950, pp. 153-197.

SAILHAN (M.) et LORNE (A.), « Une nouvelle donne dans le commerce international : la redécouverte de la compensation », *Le Monde Diplomatique*, sept. 1983.

SAINT-LEGIER (A.), « La zone franc. Mécanismes, problèmes internationaux », *Annuaire français de droit international*, 1956, pp. 260-278.

SAINT-MARC (M.), « Des critères d'appartenance à une zone monétaire et à une zone de coopération économique », *Cahiers de l'ISEA*, série P, n° 8, avr. 1963, pp. 134-138.

— « L'Union monétaire ouest-africaine », *Revue française d'études politiques africaines*, n° 37, jan. 1969, pp. 51-69.

— « Notes sur le degré de monétarisation et la mesure de ses relations avec le développement », *Revue économique*, n° 3, mai 1970, pp. 466-479.

SALIN (P.), « La zone monétaire optimale », In : SALIN (P.) (sous la direction de), pp. 73-131.

SANDRETTO (R.), « Zone franc, Système Monétaire Européen, Système Monétaire International », *Informations et commentaires*, n° 60, juil.-sept. 1987, pp. 31-41.

SERANNE (C.) et LEMOINE (F.), « L'intégration économique à l'Est : le CAEM (Comecom) », *Notes et études documentaires*, n° 4268 à 4270, 8 fév. 1976, 116 p.

SERENI (J.P.), « France-Afrique : Le franc CFA en dix questions », *Jeune Afrique*, n° 623, 16 déc. 1972, pp. 26-28.

SIMONNOT (P.), « M. Pompidou met en garde les Africains contre une révision fondamentale des accords monétaires avec la France », *Le Monde*, 24 nov. 1972.

SIROT (G.), « Le problème de l'émission dans les territoires d'outre-mer. Etatisme ou Association », *L'Économie*, n° 181, supplément, déc. 1948, 48 p.

TENE-KOYZA (A.), « Le commerce extérieur des Etats membres de la BEAC depuis 1960 : vers une diversification accrue des partenaires ? », *BEAC, E. et S.*, n° 120, mars 1985, pp. 55-91.

— « Réglementation des changes et sortie des capitaux dans les Etats membres de la BEAC », *BEAC, E. et S.*, n° 137, déc. 1986, pp. 238-266.

TREMBLAY (R.), « Les effets économiques des dévaluations dans les pays en voie de développement », In : TREMBLAY (R.) (ed.), pp. 221-247 (1972-1).

— « La dévaluation du franc CFA à la suite de la dévaluation du franc français : un exercice de simulation », In : TREMBLAY (R.) (ed.), pp. 249-276 (1972-2).

TRIFFIN (R.), « Rapport sur les possibilités d'établir une union de compensation et des paiements en Afrique », *BCEAO, NIS*, n° 103, fév. 1964, 15 p.

TSHIUNZA (M.), « Une monnaie africaine est-elle possible ? », *Zaïre-Afrique*, n° 15, déc. 1975, pp. 597-606.

TUROT (P.), « Place de la zone franc en Afrique noire et calcul des endettements supportables », *SEDEIS, Chroniques d'actualité*, n° 24, 15 mars 1981, pp. 205-211.

UNGERER (H.), « Évolution du système monétaire européen », *Finances et développement*, vol. 20, n° 2, juin 1983, pp. 16-19.

URFER (S.), « Le cartiérisme, capitalisme à courte vue », *Revue française d'études politiques africaines*, n° 64, avr. 1971, pp. 79-95.

VIAUD (M.), « La Caisse centrale de coopération économique et les nouvelles orientations de la politique française d'aide au développpement », *Afrique contemporaine*, n° 130, avr.-juin 1984, pp. 3-20.

VINAY (B.), « La zone franc », *Revue juridique et politique, Indépendance et Coopération*, n° 1, mars 1971, pp. 3-14.

— « L'organisation des problèmes monétaires et la politique du crédit dans l'Union monétaire d'Afrique centrale », *Revue juridique et politique, Indépendance et Coopération*, n° 3, juil.-sept. 1971, pp. 279-296.

— « Finances publiques et monnaies dans la zone franc », *Recueil Penant, Revue de droit des pays d'Afrique*, n° 739, jan.-mars 1973, pp. 24-47 (1973-1).

— « La mise en commun des devises. Mythe ou réalité de la zone franc », *Revue Tiers-Monde*, tome XIV, n° 55, juil.-sept. 1973, pp. 463-476 (1973-2).

— « L'organisation monétaire en Afrique », *Afrique contemporaine*, n° 97, mai-juin 1978, pp. 1-12 (1978-1).

— « Les Banques centrales de la zone franc et le développement monétaire », *Revue juridique et politique, Indépendance et Coopération*, n° 3, juil.-sept. 1978, pp. 935-948 (1978-2).

— « Contribution à la connaissance des Banques centrales africaines », *BEAC, E. et S.*, n° 134, août-sept. 1986, pp. 156-170 (1986-1).

— « La zone franc d'aujourd'hui », *Marchés tropicaux et méditerranéens*, 28 nov. 1986, pp. 2979-2993 (1986-2).

— « Zone franc : organisation et mécanismes monétaires. Structures et institutions », *Informations et commentaires*, n° 59, avr.-juin 1987, pp. 10-16 (1987-1).

— « Zone franc : malthusianisme ou laxisme monétaire », *Informations et commentaires*, n° 60, juil.-sept. 1987, pp. 3-8 (1987-2).

— « Une zone monétaire exclusivement africaine : réalisme ou utopie ? », *Informations et commentaires*, n° 60, juil.-sept. 1987, pp. 42-52 (1987-3).

WADE (A.), « Où va la zone franc ? », *L'Ouest africain*, 9-15 déc. 1972.

WEILLER (J.), « Les degrés de l'intégration et les chances d'une zone de coopération internationale », *Revue économique*, n° 2, mai 1958, pp. 233-254.

— « Unions monétaires et rapports de coopération internationale dans un monde en transition. L'exemple de l'Union monétaire ouest-africaine », *Revue économique*, n° 2, mars 1963, pp. 196-215.

YANSANE (K.), « Maintenir les parités de la zone franc », *Le Monde*, 23 sept. 1980.

ZINSOU DERLIN (L.), « La Banque de l'Afrique occidentale dans la crise », *Revue française d'histoire d'outre-mer*, tome LXIII, n° 232-233, 1976, pp. 506-517.

ANONYMES :

— X... : « L'organisation monétaire des pays d'outre-mer de l'Union française », *Revue d'économie politique*, 4e trimestre 1952, pp. 866-888.

— « la zone franc », *Les cahiers français*,
- n° 41, juin-juil. 1959, 4 p.
- n° 55, nov.-déc. 1965, 4 p.

— « Rapport du Groupe de réflexion sur la zone franc, ministère de la Coopération et du Développement, 23 fév.-30 mars 1982 : Propositions pour l'aménagement de la zone franc », *Agence pour le Développement de la Coopération en Economie /FNEGE*, Paris, 1982, pp. 212-219.

— « La zone franc », *Les notes bleues, ministère de l'Economie, des Finances et du Budget.*
- n° 224, 22-28 avr. 1985, 7 p.
- n° 381, 25 avr.-1er mai 1988, 7 p.

III — PUBLICATIONS OFFICIELLES-SOURCES STATISTIQUES

Rapports annuels, Bulletins trimestriels et/ou mensuels :

- Banque centrale des Comores.
- Banque centrale du Mali.
- Banque de France.
- BCEAEC, puis BEAC, *Etudes et statistiques* (Bulletin mensuel : E. et S.).
- BCEAO, *Notes d'information et statistiques* (Bulletin mensuel : NIS)
- Caisse centrale de coopération économique.
- Conseil national du crédit (France).
- Fonds monétaire international.
- Institut d'émission des départements d'outre-mer.
- Institut d'émission d'outre-mer.
- Secrétariat du Comité Monétaire de la zone franc, La zone franc en 19.. [C.M. zone franc, 19..], Banque de France.

LISTE DES SCHÉMAS

LISTE DES TABLEAUX

GRAPHIQUE

SIGLES ET ABRÉVIATIONS

ORGANISMES ET FONDS

BAO	Banque de l'Afrique Occidentale
BCEAEC	Banque Centrale des États de l'Afrique Equatoriale et du Cameroun
BCEAO	Banque Centrale des États de l'Afrique de l'Ouest
BDEAC	Banque de Développement des États d'Afrique Centrale
BEAC	Banque des États de l'Afrique Centrale
BIRD	Banque Internationale pour la Reconstruction et le Développement (= Banque mondiale)
BOAD	Banque Ouest-Africaine de Développement
BRI	Banque des Règlements Internationaux
CAEM	Conseil d'Aide Economique Mutuelle (sigle anglais : COMECOM)
CCAC	Chambre de Compensation de l'Afrique Centrale
CCAO	Chambre de Compensation de l'Afrique de l'Ouest
CCCE	Caisse Centrale de Coopération Économique
CCFL	Caisse Centrale de la France Libre
CCFOM	Caisse Centrale de la France d'Outre-Mer
CEAO	Communauté Économique de l'Afrique de l'Ouest
CEDEAO	Communauté Économique des États de l'Afrique de l'Ouest
C.M. zone franc	Comité Monétaire de la Zone Franc (Secrétariat)
FAC	Fonds d'Aide et de Coopération
FDES	Fonds de Développement Economique et Social

FIDES	Fonds d'Investissement pour le Développement Économique et Social (des territoires d'outre-mer)
FIDOM	= FIDES, section des départements d'outre-mer
FMI	Fonds Monétaire International
OCAM	Organisation Commune Africaine et Malgache (puis Mauricienne)
OCDE	Organisation de Coopération et de Développement Économique
OUA	Organisation pour l'Unité Africaine
OPEP	Organisation des Pays Exportateurs de Pétrole
SME	Système Monétaire Européen
UDEAC	Union Douanière et Economique d'Afrique Centrale
UDEAO	Union Douanière et Economique d'Afrique Occidentale (puis de l'Ouest)
UEP	Union Européenne des Paiements
UMOA	Union Monétaire Ouest-Africaine

AUTRES

ACP	Afrique Caraïbes Pacifique
AEF	Afrique Equatoriale Française
AOF	Afrique Occidentale Française
DOM	Département d'Outre-Mer
DTS	Droits de Tirage Spéciaux
EAM	États Africains et Malgache
EAMA	États Africains et Malgache Associés [à la CEE]
E. et S.	*Études et Statistiques* (Bulletin mensuel de la BEAC)
FCFA	• Franc des Colonies Françaises d'Afrique [1945], puis de la Côte Française d'Afrique

• Franc de la Communauté Française d'Afrique [1959]
• Franc de la Communauté Financière Africaine [depuis 1962, en Afrique de l'Ouest]
• Franc de la Coopération Financière en Afrique Centrale [depuis 1972, en Afrique centrale]

FCFP — Franc des Comptoirs Français dans le Pacifique, ou des Colonies Françaises du Pacifique

NIS — *Notes d'Information et Statistiques* (Bulletin mensuel de la BCEAO)

TOM — Territoire d'Outre-Mer

TABLE DES MATIÈRES

CHAPITRE II

Les limites de l'autonomie monétaire dans la zone franc (1973-1989) 121

www.ingramcontent.com/pod-product-compliance
Lightning Source LLC
LaVergne TN
LVHW011013061026
849535LV00006B/1865
* 9 7 8 2 1 4 0 3 4 5 0 0 5 *